Rapport accompagnant l'inventaire OCDE des mesures de soutien pour les combustibles fossiles

Cet ouvrage est publié sous la responsabilité du Secrétaire général de l'OCDE. Les opinions et les interprétations exprimées ne reflètent pas nécessairement les vues officielles des pays membres de l'OCDE.

Ce document et toute carte qu'il peut comprendre sont sans préjudice du statut de tout territoire, de la souveraineté s'exerçant sur ce dernier, du tracé des frontières et limites internationales, et du nom de tout territoire, ville ou région.

Merci de citer cet ouvrage comme suit :
OCDE (2015), *Rapport accompagnant l'inventaire OCDE des mesures de soutien pour les combustibles fossiles*, Éditions OCDE, Paris.
http://dx.doi.org/10.1787/9789264243583-fr

ISBN 978-92-64-24357-6 (imprimé)
ISBN 978-92-64-24358-3 (PDF)

Les données statistiques concernant Israël sont fournies par et sous la responsabilité des autorités israéliennes compétentes. L'utilisation de ces données par l'OCDE est sans préjudice du statut des hauteurs du Golan, de Jérusalem-Est et des colonies de peuplement israéliennes en Cisjordanie aux termes du droit international.

Crédits photo : Couverture © klikk - Fotolia.com, © iamtheking33 - Fotolia.com, © umabatata - Fotolia.com, © Anzelm - Fotolia.com, © Ghost - Fotolia.com

Les corrigenda des publications de l'OCDE sont disponibles sur : *www.oecd.org/about/publishing/corrigenda.htm.*

Avant-propos

L'année 2015 devrait se révéler décisive dans la lutte contre le changement climatique. Chefs d'État et de gouvernement et décideurs publics du monde entier se réuniront en décembre à Paris pour faire face à un impératif social, économique, politique, environnemental et moral : celui de parvenir à un accord ambitieux et concrètement applicable à la COP 21. Pour relever le défi du changement climatique, nous devrons réduire à zéro, d'ici la fin du siècle, les émissions nettes dues aux combustibles fossiles dans le monde. À défaut de ramener à zéro les émissions nettes de CO_2, la hausse des températures est inexorable.

Dans l'action contre le changement climatique, il est essentiel de déployer des efforts concertés pour réformer le subventionnement des combustibles fossiles, qui affiche toujours un bilan négatif. Ces subventions, en faussant les coûts et les prix, entraînent en effet des inefficiences dans nos modes de production et de consommation de l'énergie. De plus, elles sont coûteuses pour les États puisqu'elles les privent de ressources budgétaires déjà peu abondantes qui pourraient être mieux utilisées, par exemple, pour financer des investissements stratégiques dans l'éducation, la formation ou les infrastructures matérielles auxquelles la population attache le plus de prix au XXIe siècle. Mais surtout, les subventions aux combustibles fossiles sapent les efforts de décarbonation de l'économie tout en aggravant les atteintes à la santé humaine provoquées par la pollution atmosphérique.

L'intérêt croissant à l'égard de la réforme des subventions aux combustibles fossiles s'est manifesté le plus clairement à l'occasion du G20 et dans le cadre de l'APEC : plusieurs États ont spontanément proposé, ces deux dernières années, de soumettre leurs politiques de soutien aux combustibles fossiles à un examen par les pairs. De même, les mesures récemment prises par plusieurs Partenaires clés de l'OCDE — l'Inde et l'Indonésie, en premier lieu — attestent que la réforme des subventions a des retombées positives. Sans nul doute importantes, ces avancées n'en sont pas moins insuffisantes : il est également plus nécessaire que jamais de veiller à ce que ces réformes ne mettent pas à mal les personnes les plus défavorisées de la société.

L'importance que revêt la transparence est l'un des enseignements fondamentaux à tirer des travaux de l'OCDE sur les mesures de soutien aux combustibles fossiles. Non seulement les citoyens ont besoin de comprendre comment l'État dépense le produit des impôts qu'ils payent, mais il est crucial aussi que les pays partagent leurs expériences pour favoriser la diffusion des meilleures pratiques et des politiques judicieuses. C'est précisément le but de cette publication et de la base de données qui y est associée : elles font ressortir, en recensant et documentant près de 800 mesures particulières en faveur de l'extraction, du raffinage ou de la combustion de combustibles fossiles dans les pays de l'OCDE et dans certaines grandes économies émergentes, que les États doivent réexaminer périodiquement leur budget et leur code des impôts pour tenir compte de l'évolution de la situation et des priorités d'action.

La valeur de toutes les mesures figurant dans la base de données de l'OCDE se situait entre 160 et 200 milliards USD par an au cours de la période 2010-2014. Ces mesures ne sont pas toutes nécessairement inefficaces, et il faut interpréter ces montants avec une certaine prudence. Il existe néanmoins, à l'évidence, de réelles possibilités d'économiser des ressources budgétaires et d'améliorer l'état de l'environnement, à la fois dans les économies avancées et émergentes. L'OCDE se tient prête à aider les gouvernements dans leurs efforts visant à rationaliser et supprimer les mesures de soutien aux combustibles fossiles en recherchant d'autres solutions « gagnantes–gagnantes », plus efficientes et efficaces, afin de mettre en place des *politiques meilleures pour une vie meilleure*.

Angel Gurría
Secrétaire général

Remerciements

Cette publication a été préparée par Jehan Sauvage de la direction des échanges et de l'agriculture de l'OCDE sous la supervision de Franck Jésus et Ronald Steenblik. L'auteur remercie tout particulièrement Theresa Poincet pour son aide dans le formatage des versions initiales de ce document, ainsi que Michèle Patterson pour la préparation finale du manuscrit en vue de sa publication. Une excellente assistance statistique et documentaire a par ailleurs été fournie par Stefanie Heerwig, Mark Mateo et Ella Rebalski. Le rapport a également bénéficié des commentaires et suggestions de nombreux collègues de l'OCDE et de l'AIE : Johanna Arlinghaus, Simon Bennett, Gregory Briner, Amos Bromhead, Romain Champetier, Florens Flues, Michelle Harding, Florian Kitt, Nora Selmet, Janine Treves, Kurt van Dender et Georgios Zazias. L'aide de Christophe de Gouvello et Masami Kojima de la Banque Mondiale a aussi été très appréciée.

Plusieurs individus ont contribué à la mise à jour et à l'élargissement de la base de données (l'Inventaire) et méritent des remerciements, à commencer par Caroline Gomes Nogueira, Stefanie Heerwig, Mark Mateo et Ella Rebalski, qui ont tous joué un rôle décisif à différentes étapes du projet. Un certain nombre de personnes ont également aidé dans la collecte et la mise à jour des données pour certains pays, et plus particulièrement : Kaushik Bandyopadhyay (Inde), Anomitro Chatterjee (Inde), Filippo Civitelli (Italie), Evelyne Ferraris (Brésil), Ivetta Gerasimchuk (Fédération de Russie), Robert T. Klein (République populaire de Chine), George Mergos (Grèce), Suja Moon (Corée), Chikara Onda (Japon), Kateryna Perepechay (Fédération de Russie), Laszlo Pinter (Hongrie), Ronny Regev (Israël), Jocelyn van Berkel (les Pays-Bas), and Chan Yang (République populaire de Chine). Une reconnaissance toute particulière est aussi due à Éric Espinasse, Frano Ilicic et Nobuko Miyachiyo pour leur rôle dans le développement de la base de données en ligne.

Ce rapport et la base de données associée ont été revus à différentes étapes de leur développement par la Session Conjointe des Experts sur la Fiscalité et l'Environnement. Ils ont aussi été revus et approuvés pour publication par le Comité des Affaires Fiscales (CAF) et le Comité des Politiques d'Environnement (EPOC). De nombreuses informations essentielles concernant le rapport ainsi que des commentaires et autres apports ont été fournis par les délégués de la Session Conjointe et leurs collègues au sein des administrations nationales et sous-nationales.

Table des matières

Tableaux

Graphiques

Encadrés

Acronymes

APEC	Forum de coopération économique Asie-Pacifique
BAD	Banque asiatique de développement
BID	Banque interaméricaine de développement
CO_2	Dioxyde de carbone
éq. CO_2	Équivalent CO_2
COV	Composés organiques volatils
CSC	Captage et stockage du CO_2
END	Autres utilisations finales
EREP	Plateforme européenne pour une utilisation efficace des ressources
ESC	Estimation du soutien aux consommateurs
ESP	Estimation du soutien aux producteurs
ESSG	Estimation du soutien aux services d'intérêt général
EXTRACT	Exploration et extraction
FFFSR	Friends of Fossil Fuel Subsidy Reform
FMI	Fonds Monétaire International
GENER	Production de chaleur et d'électricité
GES	Gaz à effet de serre
GIEC	Groupe d'experts intergouvernemental sur l'évolution du climat
GJ	Gigajoule
GNC	Gaz naturel comprimé
GNL	Gaz naturel liquéfié
GPL	Gaz de pétrole liquéfié
Gt	Gigatonne
IEPS	Impuesto Especial sobre Producción y Servicios
INDUS	Consommation dans des procédés et des activités industriels
MEGC	Modèle d'équilibre général calculable
MW	Mégawatt
NPF	Nation la plus favorisée
NO_X	Oxydes d'azote
O_3	Ozone
ODD	Objectifs de développement durable
OMB	Office of Management and Budget
OMC	Organisation Mondiale du Commerce
PM	Matières particulaires
REFIN	Raffinage et traitement
SCEQE	Système communautaire d'échange de quotas d'émission
SDE	Subventions dommageables pour l'environnement
SH	Système harmonisé
SMC	Accord sur les subventions et les mesures compensatoires
SO_2	Dioxyde de soufre
TRANS	Transport en vrac et stockage
TVA	Taxe sur la valeur ajoutée
US EIA	United States Energy Information Administration
WEO	World Energy Outlook

Résumé

L'utilisation de combustibles fossiles est l'un des principaux facteurs contribuant au changement climatique. Si de nombreux pays ont d'ores et déjà pris des mesures pour réduire leurs émissions de CO_2 et d'autres polluants, certaines politiques publiques persistent dont la mise en œuvre encourage davantage de production et de consommation de combustibles fossiles. De ce fait, ces politiques augmentent les émissions et rendent leur atténuation plus coûteuse que nécessaire. Le subventionnement des combustibles fossiles compte parmi ces politiques.

Non seulement les subventions en faveur des combustibles fossiles compromettent les efforts entrepris pour atténuer le changement climatique, mais elles constituent aussi une politique coûteuse, source de nombreuses distorsions. En faussant les coûts et les prix, elles sont à l'origine d'inefficiences dans la production et la consommation d'énergie dans l'ensemble de l'économie. Elles peuvent ainsi affecter la répartition des ressources entre secteurs, notamment en orientant le capital investi à long terme vers les secteurs qui produisent des combustibles fossiles ou en consomment abondamment, au détriment des formes plus propres d'énergie et, plus généralement, d'autres activités économiques. Ce faisant, ces subventions accentuent le risque de perpétuer pendant des années, voire des décennies, des technologies polluantes contenues dans des biens d'équipement à longue durée de vie. Les subventions aux combustibles fossiles sont aussi susceptibles de grever les budgets des États en faisant augmenter les dépenses publiques ou diminuer les recettes fiscales, et ce alors que de nombreux pays s'efforcent, par des mesures draconiennes, de réduire leur dette publique.

Néanmoins, l'impact sur l'environnement s'impose comme ce qui différencie véritablement les aides aux combustibles fossiles de la plupart des autres types de subventions. Outre les émissions de gaz à effet de serre, l'extraction de ces combustibles et leur utilisation dans des centrales électriques, des véhicules et des bâtiments sont directement responsables de l'émission de nombreux polluants qui ont des incidences, souvent immédiates et à l'échelle locale, sur l'environnement et la santé humaine. Ces émissions font peser des coûts supplémentaires sur la société dès lors que les pouvoirs publics ne prennent pas la pleine mesure du problème et ne veillent pas au respect du principe pollueur-payeur. Dans la mesure où elles favorisent la production ou la consommation de combustibles fossiles, ces subventions aggravent la situation en récompensant indirectement les comportements polluants.

Pour l'ensemble de ces motifs, un certain nombre d'initiatives internationales ont appelé ces dernières années à la réforme des subventions aux combustibles fossiles. Certaines d'entre elles, comme les engagements pris par l'APEC et le G20, font intervenir un grand nombre pays, tandis que d'autres ont plutôt une portée régionale, tels les efforts déployés par la Commission européenne et certaines banques régionales de développement. Toutes ces initiatives reposent sur l'idée que les subventions aux combustibles fossiles sont intrinsèquement néfastes et que leur réforme nécessite un certain degré de coopération internationale.

Pour contribuer à améliorer les connaissances sur l'éventail des subventions bénéficiant aux combustibles fossiles et leur ampleur, l'OCDE a recensé, documenté et estimé près de 800 mesures de soutien à la production ou à la consommation de combustibles fossiles appliquées dans les pays de l'OCDE et dans six grandes économies partenaires (Brésil, République populaire de Chine, Inde, Indonésie, Fédération de Russie et Afrique du Sud). Dans le même esprit que les travaux précédemment menés par l'OCDE sur le soutien à l'agriculture et à la pêche, les mesures inventoriées se situent dans un champ très vaste, qui ne correspond pas à certaines définitions de la notion de « subvention » et comprend aussi bien des transferts budgétaires directs que des dépenses fiscales qui, d'une façon ou d'une autre, avantagent ou favorisent la production ou la consommation de combustibles fossiles par rapport aux autres formes d'énergie.

La base de données et le présent rapport n'analysent pas les répercussions de telle ou telle mesure de soutien, et ne se prononcent donc pas sur les politiques qu'il serait utile ou non de garder en place, ni sur celles qu'un pays pourrait envisager de réformer ou de supprimer. Ils cherchent plutôt à renseigner de manière exhaustive sur l'ensemble des mesures assurant un certain niveau de soutien, pour analyser ensuite, sur cette base, les objectifs visés par certaines mesures particulières, leur incidence (économique, environnementale et sociale), ainsi que les réformes et autres solutions alternatives possibles. Cet Inventaire cherche avant tout à promouvoir la transparence des politiques publiques et des budgets des États, afin que ces derniers puissent, à terme, mieux rendre compte de l'utilisation des ressources publiques. Il peut également être perçu comme une contribution à la réflexion sur la problématique plus large du « verdissement » ou de l'écologisation des politiques et des systèmes fiscaux.

Se fondant sur des données obtenues auprès de sources publiques, le rapport parvient à la conclusion que les nombreuses mesures recensées dans la base de données représentaient au total une valeur de 160-200 milliards USD par an sur la période 2010-14, et que la majeure partie de ce montant correspondait au soutien dont bénéficiait la consommation de produits pétroliers. Ce résultat témoigne en partie de l'importance que revêtent les produits pétroliers dans les approvisionnements totaux en énergie primaire des pays, mais il s'explique aussi, dans une large mesure, par le fait que bon nombre de grandes économies de l'OCDE n'extraient des combustibles fossiles qu'à petite échelle. Sans surprise, le soutien accordé aux producteurs a beaucoup plus de poids, en termes relatifs, dans les pays bien pourvus en ressources pétrolières, gazières ou charbonnières (par exemple le Canada, l'Allemagne, la Fédération de Russie ou les États-Unis).

Par rapport à l'édition précédente de l'Inventaire (OCDE, 2013b), qui ne concernait que les pays de l'OCDE, l'importance du soutien semble s'orienter à la baisse, après avoir atteint des sommets à deux reprises, en 2008 et 2011-12. Bien que ce recul soit plus prononcé dans les pays de l'OCDE, on observe aussi une diminution tendancielle dans les pays partenaires, en partie sous l'effet de la réforme des subventions à la consommation de gazole récemment mise en œuvre en Inde. Une part non négligeable de la baisse des montants octroyés par les pays de l'OCDE est à attribuer au Mexique, qui a éliminé le soutien à la consommation d'essence et de gazole qu'il fournissait au travers d'un droit d'accise flottant.

Les résultats révèlent une certaine inertie, les mesures en faveur des combustibles fossiles ayant tendance à rester en place pendant des périodes prolongées : la plupart (les deux tiers environ) semblent avoir été adoptées avant l'an 2000, époque où le changement climatique n'était pas forcément jugé préoccupant par les responsables politiques et où la situation économique était globalement très différente. On peut en déduire que les pays auraient peut-être intérêt à réévaluer périodiquement la pertinence de certaines mesures de soutien en vigueur au fur et à mesure que le contexte évolue.

En dépit des progrès notables déjà accomplis, cette édition de l'Inventaire montre qu'il subsiste toutefois d'importantes possibilités de réforme. D'autant que l'heure n'est pas à la complaisance. Les émissions mondiales de gaz à effet de serre restent très supérieures aux niveaux requis pour limiter la hausse prévue des températures moyennes. Par ailleurs, la reprise économique qui a suivi la grande récession de 2008-09 demeure lente et difficile, comparée aux précédents historiques. La situation budgétaire reste, dans nombre de pays, un enjeu problématique pour les décideurs publics qui s'évertuent à dégager de nouvelles marges de manœuvre pour abaisser les dépenses et générer davantage de recettes fiscales, et ce sans pour autant accroître des taux de chômage déjà alarmants. Dans ce contexte, il apparaît plus important que jamais de réformer les mesures de soutien aux combustibles fossiles. Il existe en toute vraisemblance d'autres instruments d'action publique, mieux ciblés, qui offriraient des alternatives appropriées pour atteindre les objectifs que visaient initialement ces mesures de soutien aux combustibles fossiles.

Chapitre 1

Pourquoi mesurer le soutien aux combustibles fossiles ?

Ce premier chapitre définit le cadre permettant de mieux comprendre la raison d'être du présent rapport et de la base de données associée. La première section analyse les raisons pour lesquelles les subventions aux combustibles fossiles sont généralement jugées préjudiciables à l'économie et à l'environnement. La deuxième démontre ensuite comment ces considérations expliquent notamment la récente émergence d'un consensus favorable à la réforme des subventions aux combustibles fossiles, et comment cette convergence de vues a donné lieu à un certain nombre d'initiatives nationales et internationales. La troisième section conclut en plaçant l'Inventaire de l'OCDE dans un contexte plus général, et en insistant sur le rôle important qu'il joue dans les débats en cours concernant les politiques énergétiques et leur réforme.

Les données statistiques concernant Israël sont fournies par et sous la responsabilité des autorités israéliennes compétentes. L'utilisation de ces données par l'OCDE est sans préjudice du statut des hauteurs du Golan, de Jérusalem Est et des colonies de peuplement israéliennes en Cisjordanie aux termes du droit international.

1.1. Réformer le soutien aux combustibles fossiles a du sens

Pour atténuer le changement climatique, les pouvoirs publics doivent envoyer des signaux cohérents

Avec l'augmentation continue des émissions mondiales de gaz à effet de serre (GES) s'accroît également la menace d'une hausse des températures moyennes et de ses conséquences pour l'environnement et le bien-être humain. Dans une évaluation récente, le Groupe d'experts intergouvernemental sur l'évolution du climat (GIEC) signale, au nombre de ces conséquences, une élévation sans précédent du niveau de la mer, le recul de la biodiversité et une fréquence accrue des phénomènes météorologiques extrêmes comme les inondations ou les sécheresses (GIEC, 2014). Cette évaluation indique également que les émissions dues à l'utilisation de combustibles fossiles, à la production de ciment et au torchage du gaz naturel constituent la majeure partie des émissions anthropiques de CO_2 (graphique 1.1), gaz qui représente les deux tiers environ de la totalité des émissions anthropiques de GES en 2010. De ce fait, l'utilisation de combustibles fossiles est l'un des principaux facteurs qui contribuent au réchauffement planétaire et à ses effets sur l'environnement naturel.

Dans ces conditions, une intensification des efforts d'atténuation impliquera que soient prises des initiatives significatives de réduction de la dépendance des pays à l'égard des combustibles fossiles. Un certain nombre de pays ont d'ores et déjà fait d'importants progrès en matière de réduction des émissions de GES imputables à l'utilisation de combustibles fossiles, notamment de gros émetteurs comme la République populaire de Chine[1], l'Union européenne ou les États-Unis. Néanmoins, les efforts actuellement déployés ne seront probablement pas suffisants pour empêcher les températures moyennes de dépasser de 4°C les niveaux préindustriels à l'horizon 2100. La dernière évaluation du GIEC arrive par exemple à la conclusion que les scénarios dans lesquels la hausse des températures moyennes est inférieure à 2°C au cours du XXIe siècle exigent des réductions des émissions mondiales de GES comprises entre 40 % et 70 % d'ici à 2050 par rapport aux niveaux de 2010 (GIEC, 2014). Pour atteindre des réductions de cette ampleur, il faudrait que le remplacement de sources d'énergie d'origine fossile par des sources d'énergie bas carbone soit généralisé, et que des technologies de captage et de stockage du CO_2 soient mises en œuvre.

Les responsables politiques devront relever un certain nombre de défis afin de lutter à grande échelle contre les émissions de GES. Le premier tient aux coûts que les mesures d'atténuation peuvent imposer à court terme aux acteurs économiques, qu'il s'agisse des entreprises ou des ménages. Des résultats récents montrent que ces coûts varient considérablement selon les instruments d'action utilisés, les taxes et les permis d'émission étant généralement moins onéreux (OCDE, 2013a)[2]. Pour réduire davantage ces coûts, il est indispensable que les signaux et incitations pour l'atténuation soient cohérents dans les différents secteurs de l'action publique, afin qu'une panoplie donnée de mesures ne compromette pas les résultats que d'autres dispositifs visent à obtenir. À cet égard, l'action climatique consiste tout autant à adopter de nouvelles politiques qu'à adapter celles qui sont déjà en place. Cette nécessité de mieux faire correspondre les politiques menées dans les différents domaines d'action publique a récemment été mise en évidence dans un rapport de l'OCDE — *Aligning Policies for a Low-carbon Economy* — qui recense des cas dans lesquels des défauts d'alignement des politiques peuvent nuire à l'efficacité des mesures visant à favoriser une économie bas carbone (OCDE, 2015a).

Les mesures qui apportent un soutien direct à la production ou à une consommation non maîtrisée de combustibles fossiles sont au premier rang des exemples de politiques allant à l'encontre des objectifs d'atténuation. Parce qu'elles abaissent le prix effectif du carbone, les subventions en faveur des combustibles fossiles rendent encore plus difficile la transition nécessaire vers l'utilisation de sources d'énergie bas carbone. En ce sens, elles font partie de l'ensemble plus large des subventions dommageables pour l'environnement (SDE), qui ont déjà fait l'objet de plusieurs études dans le cadre de l'OCDE (par exemple OCDE, 2003). L'Organisation s'intéresse à ces subventions depuis l'adoption par les Ministres de l'Environnement des pays de l'OCDE, en mai 2001, de la *Stratégie de l'environnement de l'OCDE pour les dix premières années du XXIe siècle* et de son Objectif 1, qui soulignait déjà la nécessité d'« éliminer ou réformer les subventions et les autres politiques qui favorisent une utilisation non viable des ressources naturelles – à commencer par celles qui concernent les secteurs de l'agriculture, des transports et de l'énergie » (OCDE, 2001). L'Objectif 2 de cette stratégie met lui aussi l'accent sur « la réforme fiscale verte », qui revêt une importance particulière dans le cas des avantages fiscaux encourageant la production et la consommation de combustibles fossiles.

Graphique 1. L'utilisation de combustibles fossiles est l'un des principaux facteurs contribuant aux émissions anthropiques mondiales de CO_2

(Gt CO_2 par an)

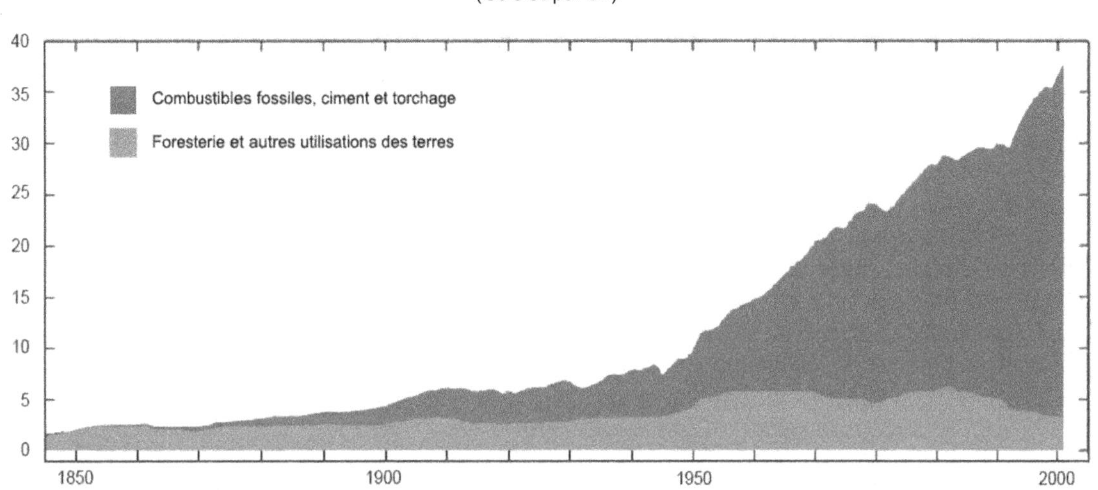

Note: Ce graphique présente uniquement les émissions mondiales de dioxyde de carbone (CO_2), et omet donc les émissions d'autres gaz à effet de serre importants comme le méthane (CH_4) ou l'hémioxyde d'azote (N_2O). Le GIEC signale que l'on ne dispose que d'informations quantitatives limitées sur ces autres gaz pour la période 1850-1970.

Source: GIEC (2014), graphique SPM.1 (d), www.ipcc.ch/pdf/assessment-report/ar5/syr/AR5_SYR_FINAL_SPM.pdf.

Le cas particulier des subventions aux combustibles fossiles

Les SDE sont généralement tenues pour néfastes pour plusieurs raisons. A l'instar de la plupart des subventions, elles causent des distorsions en faussant les prix relatifs des facteurs de production ou des biens de consommation. Ces distorsions se répercutent ensuite sur les décisions des producteurs et des consommateurs, ce qui crée des inefficiences dans l'économie[3] et dans l'utilisation des ressources. En outre, ces subventions sont coûteuses parce qu'elles se trouvent en concurrence avec d'autres usages des fonds publics et contribuent à la détérioration des soldes budgétaires. Par définition, les SDE se distinguent cependant des autres subventions parce qu'elles entraînent aussi des atteintes à l'environnement. Le présent rapport est axé sur les subventions aux combustibles fossiles car elles constituent un sous-ensemble des SDE qui se distingue par la fréquence de leur application et l'ampleur des incidences budgétaires et environnementales qui leur sont imputables. D'après des estimations antérieures de l'OCDE et de l'AIE, les subventions et autres formes de soutien aux combustibles fossiles dépassent les 500 milliards USD annuels au niveau mondial (OCDE, 2013b ; IEA, 2014a), montant qui explique qu'elles soient loin d'être anodines.

Les subventions aux combustibles fossiles sont source de distorsions

Les variations dans les prix relatifs des combustibles fossiles par rapport à d'autres biens et services peuvent exercer une grande influence sur les décisions de production et de consommation dans tous les secteurs de l'économie. Les combustibles fossiles continuent d'être des ressources essentielles à de nombreuses activités économiques, depuis celles des secteurs primaires, agricole ou minier par exemple, jusqu'à des services tels que le transport aérien, ou encore la construction. Ils sont importants aussi pour les ménages, qui les utilisent pour se chauffer ou se déplacer. De plus, de nombreux pays recourent massivement aux combustibles fossiles pour produire l'électricité dont ils ont besoin. En causant des distorsions dans les coûts et les prix, les subventions aux combustibles fossiles génèrent des inefficiences dans la production et l'utilisation de l'énergie, et ce pour l'ensemble de l'économie. C'est seulement lorsque des subventions servent à corriger une défaillance préexistante du marché qu'il peut être efficient du point de vue économique d'y recourir, notamment pour fournir des biens publics comme la défense nationale ou des systèmes d'alerte précoce en cas de catastrophe naturelle.

Du point de vue de l'efficience économique, certaines des subventions les plus problématiques sont celles modifiant les taux de rendement des investissements engagés dans certains actifs ou activités. Elles influent en effet sur les choix d'investissement et changent la répartition intersectorielle du capital parce qu'elles modifient le flux de revenus que les investisseurs s'attendent à tirer de la possession d'un actif donné. Il existe par conséquent le risque, dans le cas de certaines subventions aux combustibles fossiles, de voir les investisseurs privilégier au final des secteurs qui produisent ou consomment des combustibles fossiles en grandes quantités, au détriment de formes d'énergie plus propres ou d'autres activités économiques en général. Ce problème est plus grave encore lorsqu'il s'agit d'infrastructures à longue durée de vie, car l'impact des décisions d'investissement peut alors se faire sentir pendant des années, voire des décennies[4]. Pour ce type d'équipements, les subventions aux combustibles fossiles qui accroissent artificiellement le retour sur investissement peuvent perpétuer pendant des années l'usage de technologies polluantes, ce qui retarderait la transition vers une économie bas carbone, et accroître le risque que ces équipements deviennent des « actifs échoués » du fait de changements dans l'état de l'environnement ou la réglementation (Ansar et al., 2013).

Les subventions aux combustibles fossiles sont coûteuses

La grande récession de 2008-09 et la reprise difficile de l'économie ont laissé les finances publiques en mauvaise posture dans de nombreux pays. Les recettes fiscales en baisse à cause du ralentissement de l'activité économique, conjuguées à l'augmentation des dépenses pour financer les plans de relance, le sauvetage du secteur bancaire et les transferts sociaux (y compris ce que l'on appelle les stabilisateurs automatiques), sont autant de facteurs qui ont porté les déficits publics à des niveaux historiquement élevés. Dans une conjoncture caractérisée par une croissance économique et des taux d'inflation faibles, ces déficits ont massivement gonflé les volumes de la dette publique par rapport au PIB des pays (graphique 1.2). De nombreux pays ayant cruellement besoin d'espace budgétaire, leurs gouvernements déploient des efforts considérables pour trouver des possibilités de réduction des dépenses et d'accroissement des recettes sans nuire au bien-être de leurs citoyens. Une réforme des subventions aux combustibles fossiles peut faire partie de la solution, surtout dans les pays où elles représentent une part relativement importante du budget de l'État.

En Indonésie par exemple, les subventions à la consommation de produits pétroliers et d'électricité (produite en grande partie dans des centrales à combustibles fossiles) ont presque atteint 20 % des dépenses totales de l'administration centrale en 2011 ; leur montant était alors à peu près égal à celui des dépenses dans l'éducation, et très supérieur à la somme des dépenses allouées à la santé et aux infrastructures (OCDE, 2012a). Comme les pressions s'accentuaient, le Gouvernement indonésien a alors décidé de supprimer la totalité des subventions à l'essence dans son budget révisé de 2015 en laissant en place les subventions au GPL, au gazole et au kérosène, qui sont plus faibles, ce qui lui a permis de dégager des ressources pour investir davantage dans les infrastructures (Sambijantoro, 2015). La situation était comparable en Inde, jusqu'à ce que l'administration centrale ait commencé à réduire les subventions à la consommation de gazole, à la fin de 2012. Les économies ainsi réalisées entre les années 2012 et 2014 se sont élevées à 200 milliards INR environ, ce qui correspond en gros à 10 % des recettes que le pays perçoit chaque année au titre de tous les droits d'accise fédéraux confondus (Ministère des Finances de l'Inde, 2015). Aux États-Unis, l'administration fédérale a proposé à plusieurs reprises de supprimer un certain nombre d'avantages fiscaux bénéficiant aux producteurs de combustibles fossiles : dans le budget proposé pour l'exercice 2016, les recettes pourraient de ce fait augmenter, selon les estimations, de plus de 4 milliards USD par an (OMB, 2015).

Graphique 1.2. La crise a laissé de nombreux pays dans une situation budgétaire difficile

Dette publique en 2014 (% du PIB)

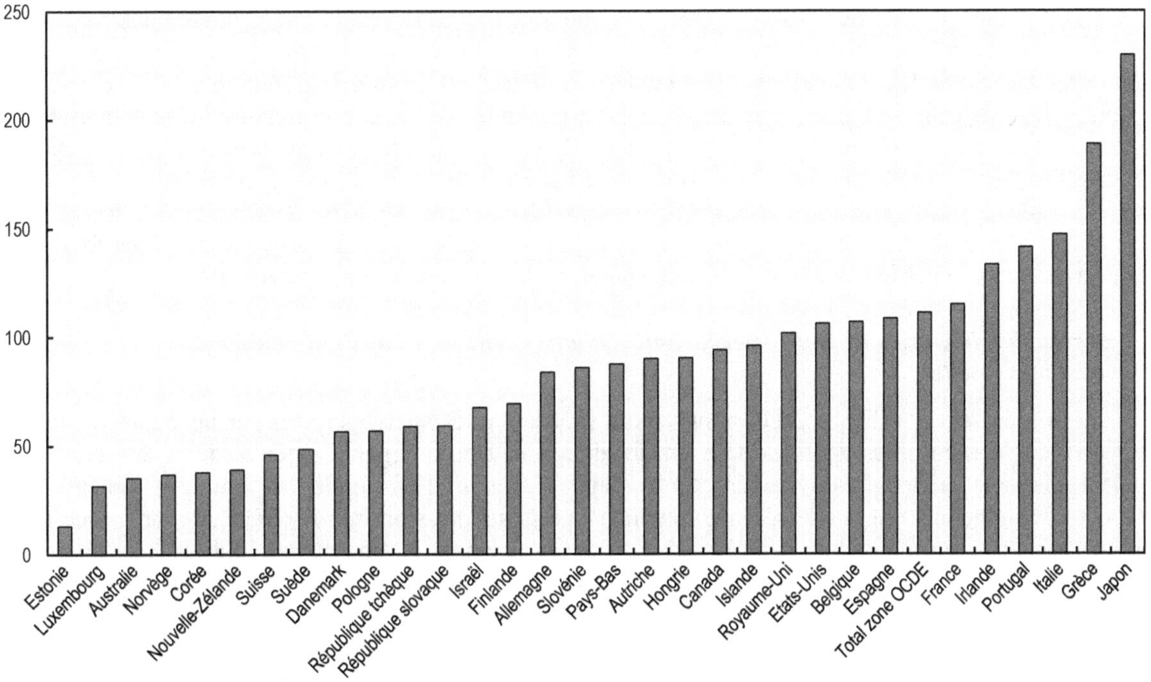

Source: Perspectives économiques de l'OCDE n° 95, http://dx.doi.org/10.1787/data-00688-en.

Les subventions en faveur des combustibles fossiles sont préjudiciables à l'environnement

Certes, la plupart des subventions aux combustibles fossiles sont onéreuses et source de distorsions, mais on pourrait dire la même chose d'autres types de subventions, comme par exemple les aides à l'accession à la propriété. Ce qui différencie vraiment les subventions aux combustibles fossiles des autres subventions tient à leur impact sur l'environnement. La lutte contre le changement climatique exigera des réductions à grande échelle des émissions de GES par l'adoption de sources d'énergie bas carbone ; or les mesures qui encouragent la production ou la consommation de combustibles à forte teneur en carbone renchérissent et rendent plus difficile ce changement. Et ce d'autant plus que les équipements de production et de combustion d'énergies fossiles ont généralement une durée de vie relativement longue, d'où un risque de verrouillage quand les grandes infrastructures se voient dotées pour des années, voire des décennies, de technologies à forte intensité de carbone.

Cela dit, les émissions de GES ne sont pas la seule externalité environnementale liée à l'extraction et à la consommation de combustibles fossiles. Du côté de la production, les activités extractives peuvent par exemple provoquer des affaissements miniers qui ont des répercussions considérables sur les activités humaines et la biodiversité[5]. Bien que ces affaissements soient fréquemment associés à l'extraction du charbon, le risque existe aussi avec d'autres combustibles fossiles, comme le prouve l'intensification de l'activité sismique observée autour du gisement gazier de Groningue aux Pays-Bas (Dutch Safety Board, 2015). La contamination des sols et des eaux de surface peut également se produire en cas de déversement d'hydrocarbures ou d'évacuation inappropriée des eaux usées et des résidus d'extraction. En outre, les techniques d'extraction de pétrole ou de gaz naturel non conventionnel (par exemple sables bitumineux et gaz de schistes) nécessitent des volumes d'eau considérables qui aggravent les pressions exercées sur les ressources hydriques.

Du côté de la consommation, l'utilisation de combustibles fossiles dans les centrales électriques, les véhicules et les bâtiments est directement responsable de l'émission de nombreux polluants qui ont des effets immédiats, au niveau local, sur l'environnement et la santé humaine. Notamment, la pollution de l'air ambiant causée par les particules, les oxydes d'azote (NO_X), les composés organiques volatils (COV)[6] et le dioxyde de soufre (SO_2) accroît les risques de mortalité liés à l'augmentation des maladies respiratoires et cardiovasculaires, ainsi que des cancers. Cela impose un coût très lourd à la société dans son ensemble. Selon les estimations d'une étude récente de l'OCDE sur la pollution de l'air extérieur ambiant, les particules et l'ozone sont à eux seuls responsables de coûts économiques qui ont atteint au total 3 600 milliards USD en 2010 dans les pays de l'OCDE, la Chine et l'Inde (OCDE, 2014a). Outre leurs effets sur la santé humaine, les polluants émis lors de l'utilisation de combustibles fossiles détériorent les infrastructures (les bâtiments par exemple) et, le plus souvent, contribuent à la formation des pluies acides qui réduisent le rendement des cultures[7]. Les subventions aux combustibles fossiles, dans la mesure où elles encouragent à en consommer, aggravent ces diverses externalités.

Un aperçu des avantages de la réforme des subventions et autres mesures de soutien aux combustibles fossiles

Jusqu'à présent, l'AIE et l'OCDE ont surtout procédé à des analyses axées sur la sous-évaluation des prix des combustibles dans les pays en développement et émergents, pour lesquels des données étaient disponibles depuis un certain temps déjà. À l'aide d'un modèle d'équilibre général de l'économie mondiale, une étude récente concluait que la suppression multilatérale et coordonnée des subventions à la consommation dans les pays en développement et émergents réduirait les émissions mondiales de GES de 3 % à l'horizon 2020 par rapport à un scénario de référence (Durand-Lasserve et al., 2015)[8]. La majeure partie de cette réduction serait due aux réductions réalisées dans les pays non membres de l'OCDE, ces pays étant ceux où sont concentrées les subventions à l'énergie que l'on a mesurées. Le revenu réel agrégé ne devrait presque pas varier au niveau mondial suite à la cessation des subventions (+0.33 % en 2020), bien que cela cache de grandes disparités entre les importateurs de produits énergétiques fossiles qui y gagnent beaucoup (par exemple l'Inde et l'Indonésie) et les exportateurs qui y perdent un peu (par exemple le Canada et les pays de la Communauté des États indépendants). Il semble que le Moyen-Orient, bien que gros exportateur d'énergie, améliore suffisamment l'efficience de son économie pour compenser les effets préjudiciables de la suppression des subventions sur les termes de l'échange au niveau régional. Aussi enregistre-t-il, dans l'ensemble, un gain de revenu net.

Cette même étude s'appuie aussi sur une enquête menée auprès de ménages pour obtenir des données microéconomiques sur les effets redistributifs de la réforme simulée dans le contexte indonésien. Même si ces données indiquent que les subventions à la consommation profitaient exagérément en Indonésie aux ménages déjà riches avant la réforme récente, leur élimination risque toutefois de porter préjudice aux segments les plus pauvres de la population. Bien que les ménages défavorisés soient souvent privés d'accès à l'électricité et ne consomment généralement pas certains produits pétroliers (l'essence, par exemple), la suppression des subventions à l'énergie peut affaiblir leur pouvoir d'achat en faisant monter les prix de bon nombre d'autres produits qu'ils consomment. C'est pourquoi cette étude évalue les effets redistributifs de la réforme dans le cadre de trois scénarios différents, chacun étant fondé sur un mécanisme différent de redistribution compensatoire, à savoir des subventions alimentaires, des transferts directs en espèces aux ménages et des aides au revenu d'activité. D'après les résultats des simulations, les transferts en espèces seraient la solution préférable du point de vue de l'efficience et de l'équité. Les subventions alimentaires, en particulier, créeraient de nouvelles inefficiences dans l'économie, tandis que les aides salariales ne parviendraient pas aux plus pauvres puisque les travailleurs informels n'en bénéficient pas.

Parmi d'autres exemples récents[9] d'analyses fondées sur la modélisation des effets des subventions aux combustibles fossiles et de leur réforme figure une étude sur le Yémen, conduite en 2011 par des chercheurs de l'International Food Policy Research Institute (Breisinger et al., 2011). En utilisant un modèle multisectoriel de l'économie yéménite, l'étude aboutit à des conclusions similaires, pour l'essentiel, à celles de l'OCDE pour ce qui a trait aux conséquences d'une réforme des subventions à la consommation. Ses résultats donnent à penser que l'élimination progressive des subventions au pétrole au Yémen ferait augmenter la croissance économique par rapport au scénario de référence retenu, mais qu'il faudrait prendre des mesures compensatoires pour atténuer l'impact sur les pauvres, en l'occurrence moyennant des transferts directs en espèces et des investissements dans les infrastructures[10]. Bien que les effets environnementaux n'aient pas été explicitement modélisés dans l'étude, celle-ci apporte de nouvelles informations qui confortent la conclusion selon laquelle les subventions en faveur des combustibles fossiles entravent la croissance économique en raison des répercussions qu'elles ont sur les ressources budgétaires et les signaux du marché.

Dans un autre ordre d'idées, en 2013, le Congrès des États-Unis a chargé le National Research Council d'entreprendre une étude des effets de la politique fiscale fédérale des Etats-Unis sur les émissions nationales de GES (National Research Council, 2013). Parmi les nombreuses mesures analysées par le comité chargé de ces travaux figure une évaluation des effets sur les émissions intérieures de GES de certaines dépenses fiscales bénéficiant aux producteurs d'énergie, notamment la déduction d'un pourcentage du revenu brut pour épuisement des gisements applicable aux producteurs de gaz naturel. Cette disposition particulière autorise un amortissement plus rapide des coûts immobilisés dans des propriétés minières pétrolières ou gazières, ce qui favorise l'investissement dans l'exploration et la mise en valeur des ressources en gaz naturel des États-Unis. D'après les résultats des travaux de modélisation, la suppression de cet avantage fiscal alourdirait les coûts des forages et réduirait les incitations à l'exploration et à l'exploitation de nouvelles sources d'approvisionnement gazier. Compte tenu des restrictions en vigueur pesant sur les importations (exportations) de gaz naturel à destination (en provenance) des États-Unis[11], les prix intérieurs du gaz naturel devraient augmenter à la suite de la réforme, car un faible accroissement des importations de gaz ne serait pas suffisant pour contrebalancer le recul des approvisionnements d'origine nationale. Par contrecoup, la consommation de gaz naturel devrait diminuer dans plusieurs secteurs. Bien que le scénario de référence du modèle laisse présager une réduction très faible des émissions de CO_2 (37 millions de tonnes à l'horizon temporel du modèle, c'est-à-dire au bout de 25 ans), ce résultat est la conséquence, pour une bonne part, de la substitution de charbon au gaz naturel dans le secteur de l'électricité – or une telle évolution est désormais improbable. En effet, étant donné les nouvelles normes d'émission de carbone applicables aux centrales à charbon qui ont été proposées par l'administration fédérale des États-Unis, on voit mal comment cette substitution pourrait atteindre des proportions importantes dans le contexte actuel. Ces nouvelles normes font augmenter le prix du charbon utilisé pour produire l'électricité, c'est pourquoi il ne serait pas rentable, dans la plupart des cas, de remplacer le gaz par du charbon ; par conséquent, si la déduction pour épuisement des gisements calculée en pourcentage faisait l'objet d'une réforme, la baisse des émissions de CO_2 serait sans doute plus importante que prévu.

Il existe également certaines informations sur la production en Fédération de Russie, concernant les cas particuliers du soutien public octroyé aux projets d'extraction Yamal LNG et Prirazlomnoe dans l'Arctique (Lunden et Fjaertoft, 2014). À la différence des exemples précédemment évoqués, qui étaient axés sur les incidences globales des différentes mesures, cette étude adopte une approche systémique pour évaluer les effets du soutien public et de sa suppression sur des projets précis en amont. En l'occurrence, l'analyse s'intéresse aux effets conjugués du financement public de l'exploration et de la construction des infrastructures, des avantages fiscaux et de la prise en charge par l'État des risques environnementaux, entre autres. Les résultats ont été calculés à l'aide d'un modèle *ad hoc* du secteur extractif russe et font ressortir comment les avantages fiscaux et d'autres formes de soutien public contribuent à rendre les projets économiquement viables. S'agissant du projet Yamal LNG, par exemple, l'analyse arrive à la conclusion que c'est bien grâce au soutien public que le projet est allé de l'avant. Pour le projet Prirazlomnoe, les résultats sont plus ambigus : le soutien public n'a pas eu d'influence sur la décision de le lancer ou non, mais s'est apparenté à « un don de l'État à [Gazprom] d'un montant non actualisé de 16.5 milliards [USD] plutôt qu'à une mesure destinée à affiner le système fiscal » (Lunden et Fjaertoft, 2014). Dans ce dernier cas, il semblerait donc que le soutien public n'a pas aidé à accroître la production d'hydrocarbures et qu'il s'est soldé par un gaspillage de ressources publiques qui auraient pu être mieux utilisées ailleurs.

1.2. Une convergence de vues croissante en faveur de la réforme

La section qui précède a montré que les pouvoirs publics peuvent tenir à réformer les mesures de soutien à la production ou à la consommation de combustibles fossiles pour plusieurs motifs. En général, les problèmes soulevés par ces mesures ne sont pas nouveaux, mais le contexte dans lequel s'inscrit leur adoption ou leur réforme a changé. Cela explique peut-être pourquoi l'on assiste, depuis quelques années, à une multiplication d'initiatives internationales visant à supprimer progressivement ou à réformer les subventions aux combustibles fossiles jugées préjudiciables ou « inefficaces » par les décideurs publics. La présente section brosse un panorama succinct de ces initiatives, en insistant sur les plus pertinentes au regard des travaux de l'OCDE et en soulignant plus généralement l'intérêt de la coopération internationale dans le domaine de la réforme des subventions.

La nécessité de la coopération internationale

À partir de 2009, un consensus international s'est progressivement dessiné sur la question des subventions et des autres mesures de soutien aux combustibles fossiles. Certes, des désaccords peuvent subsister entre certains groupes de pays à propos des définitions ou de la portée des réformes, mais il reste que les pouvoirs publics sont de plus en plus soucieux des conséquences que peuvent avoir les subventions favorisant les combustibles fossiles sur l'environnement et l'économie mondiale. Ce n'est d'ailleurs pas un hasard si ces préoccupations se traduisent par des actions de coopération internationale. Bien des questions soulevées par ces subventions et leur suppression sont de nature transfrontalière, et donc susceptibles de devoir être réglées par des réponses coordonnées des gouvernements.

Les émissions de GES sont un problème mondial parce que ces gaz se dispersent partout dans le monde, restent dans l'atmosphère pendant des décennies voire des siècles, et finissent par modifier le climat. Le cinquième Rapport d'évaluation du GIEC (GIEC, 2014) fait observer à cet égard que :

> L'atténuation ne sera pas efficace si les différents agents poursuivent leurs propres intérêts chacun de leur côté. Des réponses collaboratives, et notamment la coopération internationale, seront donc nécessaires pour atténuer efficacement les émissions de GES et d'autres problèmes posés par le changement climatique.

D'autres externalités environnementales liées aux combustibles fossiles qui ont des incidences transfrontalières, comme les particules et le SO_2 émis par des centrales à charbon dans un pays qui nuisent à la qualité de l'air dans un autre, posent des difficultés analogues.

Cependant, les répercussions transfrontalières des subventions et autres mesures de soutien aux combustibles fossiles ne se cantonnent pas à la sphère environnementale. Comme la majeure partie des produits, les combustibles fossiles font l'objet d'échanges internationaux considérables, de sorte que les variations de l'offre et de la demande dans un seul grand pays (ou dans un groupe de pays) peuvent modifier les cours internationaux, lesquels influeront, à leur tour, sur l'offre et la demande dans d'autres pays. Il est par conséquent possible, sous certaines conditions, que la suppression des subventions aux combustibles fossiles dans un pays (ou une région) fasse diminuer la demande de combustibles fossiles dans ce pays (ou cette région) au point de provoquer une baisse des prix au niveau international et une hausse de la demande dans d'autres pays ou régions. Des analyses antérieures de l'OCDE montrent que cet « effet de fuite » est plausible, encore que les résultats des modélisations mettent clairement en évidence que l'augmentation de la demande de combustibles fossiles dans les autres pays ne contrebalance pas totalement le recul initial de la demande dans ceux qui procèdent à la réforme de leurs subventions aux combustibles fossiles (Burniaux et al., 2011). Ainsi, la suppression des subventions entraînerait en tout état de cause une réduction nette de la demande mondiale de combustibles fossiles.

Parce qu'elles abaissent le coût pour le consommateur de l'énergie issue des combustibles fossiles, les subventions et autres mesures de soutien à la consommation de combustibles fossiles peuvent aussi améliorer artificiellement la compétitivité des industries à forte intensité énergétique dans les pays qui les appliquent. Cette question se situe dans le prolongement de la précédente référence aux distorsions des coûts et des prix induites par les subventions, et qui soulignait que ces distorsions peuvent modifier la répartition des ressources utilisées dans les processus de production (par exemple le travail et le capital) dans différents secteurs d'une économie. Dans les pays qui subventionnent la consommation de combustibles fossiles dans les processus industriels, cette politique risque de drainer l'investissement vers des industries à forte intensité énergétique (sidérurgie ou ciment, par exemple), et évincer ainsi d'autres activités économiques. Là encore, l'analyse des modélisations effectuée par l'OCDE révèle que ce problème est particulièrement préoccupant pour les pays où les subventions à la consommation sont relativement importantes (Burniaux et al., 2011) : elle amène à penser qu'une réforme des subventions aux combustibles fossiles pourrait en fin de compte affaiblir la compétitivité de ces industries grosses consommatrices d'énergie et, par là même, améliorer celle d'industries implantées dans des pays qui n'accordent pas de subventions, ou en octroient de plus faibles. On voit donc que les effets des subventions et de leur suppression sur la compétitivité industrielle et les échanges internationaux constituent, à cet égard, un autre argument de poids en faveur de la coopération internationale.

Les subventions et autres mesures qui abaissent les prix intérieurs des carburants à des niveaux très inférieurs à ceux pratiqués dans les pays voisins peuvent aussi encourager la contrebande, parfois de part et d'autre de la frontière[12]. On a constaté des cas de contrebande de carburants dans des contextes divers, notamment au cours de certaines périodes entre Singapour et la Malaisie ou entre le Brésil et l'Argentine (Kojima, 2013). Dans le premier cas, ce phénomène a amené les autorités de Singapour à promulguer un texte législatif exigeant que tous les automobilistes qui quittent le pays pour entrer en Malaisie le fassent avec un réservoir de carburant au moins plein aux trois quarts (Gouvernement de Singapour, 2015). La contrebande est un problème particulièrement épineux pour les économies en développement et émergentes qui s'efforcent de réformer leurs propres subventions aux carburants mais se trouvent dans des régions où les importations illicites provenant de pays voisins qui les subventionnent fortement risquent, en fin de compte, de neutraliser en partie les avantages de la réforme. Cela a été le cas en Colombie, où la contrebande à partir de la République bolivarienne du Venezuela a parfois poussé les deux pays à coopérer pour lutter contre le commerce illicite de produits pétroliers (Kojima, 2013). Même si les tensions politiques entre les deux pays ont depuis lors mis un terme à ces accords bilatéraux, cet exemple illustre bien que la coopération internationale peut être de nature à conforter le succès de la réforme des subventions aux combustibles fossiles.

Renforcer la dynamique internationale

C'est dans le cadre du G20 que la coopération internationale autour de la réforme des combustibles fossiles est devenue la plus manifeste, surtout depuis que les chefs d'État et de gouvernement de ses membres se sont engagés, en 2009, lors du sommet de Pittsburgh, à « rationaliser et abandonner progressivement à moyen terme les subventions inefficaces accordées aux combustibles fossiles qui encouragent la surconsommation » (G20, 2009). Des versions proches de cette déclaration ont été reprises aux sommets ultérieurs du G20, notamment à Cannes, Los Cabos, Saint Pétersbourg et, plus récemment, à Brisbane. Les dirigeants des économies membres du Forum de coopération économique Asie-Pacifique (APEC) ont fait des annonces comparables, à commencer par la déclaration de Singapour de novembre 2009, dans laquelle ils s'engageaient à « rationaliser et abandonner progressivement à moyen terme les subventions… [et] fournir aux populations qui en ont besoin les services énergétiques essentiels » (APEC, 2009).

À la suite de ces engagements, les membres de l'APEC et du G20 ont commencé, ces dernières années, à rendre compte d'eux-mêmes, annuellement, de leurs subventions aux combustibles fossiles, et tout particulièrement de celles qu'ils jugent inefficaces. Néanmoins, faute de définitions et de méthodologie communes, il était difficile de parvenir à une même compréhension de ce que recouvrent les « subventions inefficaces accordées aux combustibles fossiles qui encouragent la surconsommation », et les communications des divers pays différaient beaucoup entre elles par leur longueur et leur degré de détail. Plus récemment, certains membres du G20 ont convenu de soumettre leurs subventions en faveur des combustibles fossiles à des évaluations réciproques dans le cadre d'examens par les pairs, la Chine et les États-Unis s'étant portés volontaires pour être les premiers à le faire, en 2014. Un processus comparable d'examens par les pairs a été lancé dans le cadre de l'APEC, lequel a débuté par le Pérou en 2014 et se poursuit par la Nouvelle-Zélande en 2015. Dans le même temps, la Nouvelle-Zélande est l'un des pays cofondateurs et organisateurs de l'initiative Friends of Fossil Fuel Subsidy Reform (FFFSR) réunissant des pays non membres du G20 qui partagent une conviction commune et s'emploient à défendre la réforme des subventions inefficaces aux combustibles fossiles au niveau mondial. A l'heure actuelle, ce groupe de pays comprend le Costa Rica, le Danemark, l'Éthiopie, la Finlande, la Nouvelle-Zélande, la Norvège, la Suède et la Suisse.

L'OCDE a contribué à maintes reprises à ces diverses initiatives en partageant ses connaissances spécialisées et en facilitant l'échange d'informations importantes entre ses pays membres et d'autres parties intéressées. Dès juin 2009, les Membres de l'Organisation préconisaient « les réformes internes, dans le but d'éviter ou de supprimer les politiques dommageables pour l'environnement qui risquent de freiner la croissance verte, *notamment les subventions en faveur de la consommation ou de la production de combustibles fossiles*, qui augmentent les émissions de gaz à effet de serre ; celles qui favorisent l'utilisation non durable d'autres ressources naturelles rares ; ou celles qui contribuent aux atteintes à l'environnement » (OCDE, 2009 ; italiques de l'auteur). En plus d'œuvrer à la coopération internationale, l'OCDE est un important fournisseur de données sur les mesures de soutien aux combustibles fossiles depuis qu'elle a publié, en 2012, son premier *Inventory of Estimated Budgetary Support and Tax Expenditures for Fossil Fuels* (OCDE, 2012b). On a vu, dans la section qui précède, que ces travaux sont allés de pair avec des analyses de modélisations destinées à étudier les effets sur le climat et les répercussions économiques des réformes des subventions pour lesquelles des simulations ont été effectuées.

Dans le prolongement de la Conférence Rio+20 des Nations Unies sur le développement durable qui s'est tenue en juin 2012, les pays participants ont décidé d'un commun accord d'entamer un processus de définition d'objectifs de développement durable (ODD) s'inspirant partiellement des objectifs du Millénaire pour le développement (OMD) qui existaient déjà. Un organe *ad hoc*, le Groupe de travail ouvert, a ensuite été créé en janvier 2013 pour superviser le processus et les travaux visant à formuler les ODD proposés. Depuis lors, ce groupe a publié une proposition dans laquelle l'objectif 12.c préconise la réforme des « subventions aux combustibles fossiles qui sont source de gaspillage [...], y compris par la restructuration de la fiscalité » tout en « tenant pleinement compte des besoins et de la situation propres aux pays en développement et en réduisant au minimum les éventuels effets pernicieux sur le développement de ces pays tout en protégeant les pauvres et les collectivités concernées » (Nations Unies, 2014).

Au niveau régional, la Plateforme européenne pour une utilisation efficace des ressources (EREP) créée par la Commission européenne a été chargée de donner des orientations de haut niveau sur les moyens d'accomplir la transition vers une économie européenne plus économe en ressources. Son manifeste de 2012 insistait déjà sur la nécessité de supprimer « les subventions et les allégements fiscaux préjudiciables à l'environnement qui constituent un gaspillage de fonds publics alloués à des pratiques obsolètes », avis réitéré dans le premier ensemble de recommandations d'action adopté par la Plateforme en 2013. Selon ces recommandations, « l'UE et ses États membres devraient s'attacher d'urgence à éliminer graduellement les subventions préjudiciables à l'environnement (en gardant à l'esprit la définition de l'OCDE), et tout particulièrement les subventions qui s'appliquent aux combustibles fossiles et à l'utilisation de l'eau dans l'agriculture, le secteur énergétique et l'industrie ; cette suppression progressive devrait également concerner les avantages fiscaux et les mécanismes de fixation des prix qui sont source de distorsions » (Commission européenne, 2014a). Quelques banques régionales de développement ont parfois pris elles aussi des dispositions pour évaluer les subventions aux combustibles fossiles ou pour les réformer dans les pays où elles opèrent. Ainsi, la Banque asiatique de développement apporte depuis quelques années une assistance technique pour le suivi et l'évaluation des subventions aux combustibles fossiles dans certains de ses pays membres (BAD, 2011). De même, la Banque interaméricaine de développement offre une coopération technique en matière de mesure et d'analyse des subventions à la production ou à la consommation de combustibles fossiles dans les pays d'Amérique latine et des Caraïbes (BID, 2013).

Ces initiatives diverses témoignent de l'intérêt considérable que suscite, au niveau international, la réforme des subventions aux combustibles fossiles. Il se peut toutefois que les progrès coordonnés au niveau international soient lents et difficiles. C'est pourquoi certains pays, mettant à profit la dynamique enclenchée, ont pris d'eux-mêmes l'initiative d'aller de l'avant et de réformer unilatéralement leurs subventions. Mais ces efforts n'ont pas tous été couronnés de succès, ce qui souligne l'importance des considérations politico-économiques dans la formation de coalitions nationales pour mener à bien des réformes. Le chapitre 3 présente des exemples de réformes réussies dans un certain nombre de pays, tirés de l'expérience récente des pays de l'OCDE et de plusieurs économies partenaires.

1.3. Comment l'Inventaire de l'OCDE comble des carences essentielles en matière de données

De l'observation des symptômes à la caractérisation de la maladie : vers un diagnostic complet des politiques

Avant que l'OCDE ne commence, en 2010, à collecter des données sur les mesures de soutien aux combustibles fossiles dans ses pays membres, les seules estimations des subventions favorables à ces combustibles dont on disposait largement étaient celles que l'AIE calculait depuis 1999 pour son rapport annuel sur les perspectives énergétiques mondiales intitulé *World Energy Outlook* (WEO). En raison du vaste périmètre géographique dans lequel s'inscrivent ces estimations — à l'instar du champ généralement couvert par le *WEO* —, l'AIE calcule les subventions aux combustibles fossiles à partir d'informations disponibles sur les prix observés des produits énergétiques. En comparant les prix des combustibles ou carburants pratiqués localement dans différents pays à un ensemble de prix de référence (prix de parité à l'importation ou à l'exportation), l'AIE calcule plusieurs « écarts de prix » pour estimer à combien se chiffre la sous-évaluation des prix des combustibles fossiles dans divers pays[13]. Dans la mesure où des prix à la consommation inférieurs témoignent de l'existence de subventions, les estimations des écarts de prix devraient apporter des renseignements utiles sur l'ampleur du subventionnement. L'AIE estime que les subventions aux combustibles fossiles ainsi calculées ont atteint au total 548 milliards USD en 2013 (graphique 1.3). Elle a constaté que 40 pays dans le monde, représentant ensemble plus de la moitié de la consommation énergétique mondiale, subventionnent leur consommation de combustibles fossiles. Dix d'entre eux concentrent quasiment les trois quarts de l'ensemble des subventions évaluées ; cinq de ces pays — tous exportateurs de pétrole et de gaz naturel — se trouvent au Moyen-Orient ou en Afrique du Nord.

Les écarts de prix ont souvent été utilisés, dans divers contextes, pour mesurer des subventions ou le soutien à des produits, secteurs ou industries particuliers, par exemple lorsque les prix intérieurs sont supérieurs aux prix internationaux de référence, ce qui avantage les producteurs nationaux. Dans le cas de l'agriculture, l'OCDE s'est servi des écarts de prix pour estimer le soutien des prix du marché octroyé aux producteurs agricoles depuis les années 80 dans le cadre de travaux de plus vaste portée visant à évaluer le total du soutien accordé au secteur agricole (OCDE, 2014b). L'AIE avait déjà calculé en 1987 des indicateurs du soutien des prix du marché dont bénéficiaient les producteurs de charbon selon le même principe (AIE, 1988), bien qu'elle ait ensuite cessé de le faire.

La méthode de l'écart de prix, bien qu'elle soit sans nul doute intéressante et utile, ne permet pas de rendre compte de certaines formes de soutien à la production et à la consommation de combustibles fossiles. Comme l'affirme Koplow (2009), « ce serait une erreur de recourir exclusivement à cette méthode de mesure » car elle laisse de côté les politiques qui n'entraînent pas une baisse des prix à la consommation mais qui ont des incidences budgétaires et environnementales importantes[14], par exemple les avantages fiscaux, les bons d'essence ou d'autres paiements directs accordés aux ménages à faible revenu, ainsi que de nombreuses subventions versées aux producteurs (AIE, 2014a). Il n'est pas forcément très judicieux d'utiliser les écarts de prix pour mesurer le soutien aux producteurs car la plupart des combustibles fossiles font l'objet d'échanges considérables sur les marchés mondiaux et sont souvent soumis à des droits de douane faibles ou nuls (voir tableaux A.2 et A.3 en annexe). Le pouvoir qu'ont les producteurs d'agir sur les prix est donc très limité, sauf s'ils sont assez importants pour infléchir sensiblement l'offre au niveau mondial (par exemple en étant producteur pétrolier d'appoint) ou lorsque le marché intérieur est à l'abri des fluctuations des cours internationaux parce que des obstacles réglementaires ou des goulets d'étranglement infrastructurels l'en isolent (par exemple faute de terminaux de liquéfaction ou de gazoducs pour exporter le gaz naturel). Autrement dit, alors que certaines mesures font effectivement augmenter la production intérieure de combustibles fossiles, les écarts de prix peuvent ne pas suffire pour mettre en évidence la totalité du soutien accordé aux producteurs.

Plus généralement, en faisant passer les symptômes avant la maladie, les estimations calculées à l'aide des écarts de prix ne renseignent pas en détail sur toute la série de mesures et de réglementations qui ont pour effet de réduire les prix intérieurs des combustibles à des niveaux inférieurs aux prix internationaux de référence. Pour établir un diagnostic complet sur les politiques, il faut pouvoir imputer l'écart de prix à des programmes et des mesures précis, et il est par ailleurs indispensable d'identifier clairement les acteurs concernés (par exemple les bénéficiaires) (Koplow, 2009 ; Kojima et Koplow, 2015). À défaut, on risque de ne pas pouvoir analyser toutes les répercussions des subventions et des autres mesures de soutien sur l'économie et l'environnement et, ne sachant pas précisément qui pourraient être les gagnants et les perdants, d'accroître la difficulté des réformes.

Graphique 1.3. Les estimations de l'AIE des subventions aux combustibles

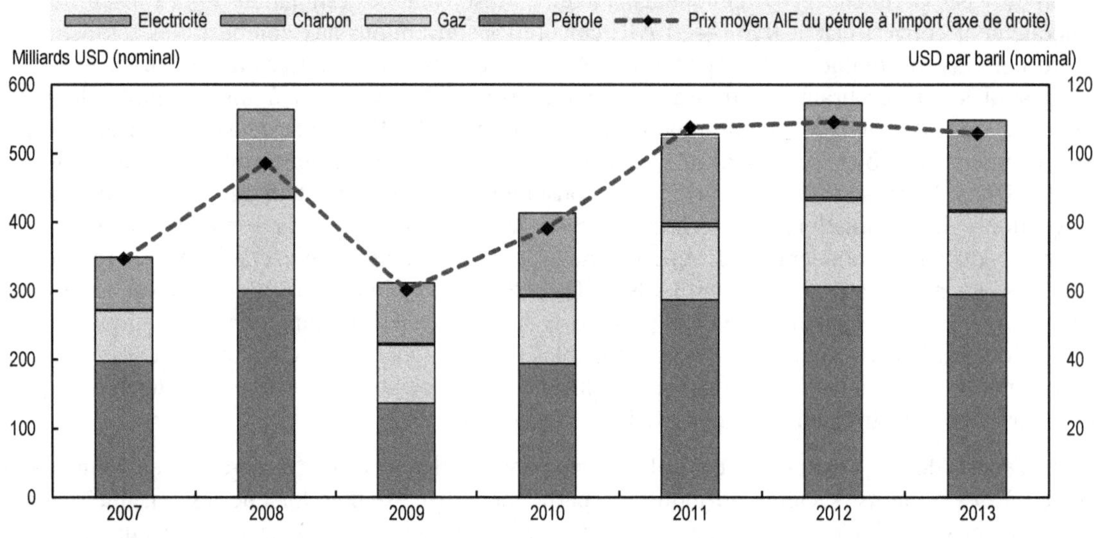

Source: AIE (2014a), http://dx.doi.org/10.1787/weo-2014-en.

La nécessité d'un inventaire : pallier les insuffisances des données actuellement disponibles

Les limites de la méthode de l'écart de prix décrites ci-dessus posent un problème particulièrement délicat aux pays de l'OCDE, où les prix finaux des combustibles dépassent généralement les prix internationaux de référence à cause des multiples impôts indirects que ces pays prélèvent souvent au titre de la consommation de produits énergétiques (graphique 1.4). Ces impôts existent pour de nombreuses raisons, y compris des considérations telles que la collecte de recettes et l'internalisation des coûts externes associés à l'utilisation des combustibles. Une somme considérable d'informations sur l'éventail complet des taxes appliquées à la consommation d'énergie et les taux d'imposition correspondants figure dans *Taxing Energy Use 2015: OECD and Selected Partner Economies*, une publication parallèle de l'OCDE (OCDE, 2015b), qui présente également une série de graphiques descriptifs sur la consommation et la fiscalité énergétiques — exprimées à la fois en termes de contenu énergétique et d'émissions de CO_2 — concernant tous les pays de l'OCDE et des économies partenaires[15]. Il ressort de cette publication que la taxation des différents combustibles varie considérablement selon les pays et les secteurs, mais en fin de compte, dans les pays de l'OCDE et dans beaucoup d'économies partenaires, les prix intérieurs taxes comprises sont en général supérieurs aux prix internationaux de référence. Parce qu'il est fréquent que les prix de référence retenus pour calculer les écarts de prix ne comprennent pas les taxes indirectes — autres que sur la valeur ajoutée (TVA) —, les subventions estimées à l'aide de la méthode de l'écart de prix ne peuvent généralement pas rendre compte du soutien accordé dans les pays de l'OCDE et dans un certain nombre d'économies partenaires.

Graphique 1.4. La taxation de l'énergie varie considérablement selon les pays

Taux effectifs moyens de taxation de l'énergie (gauche) et du CO_2 lié à l'énergie (droite) dans la zone OCDE et certaines économies partenaires

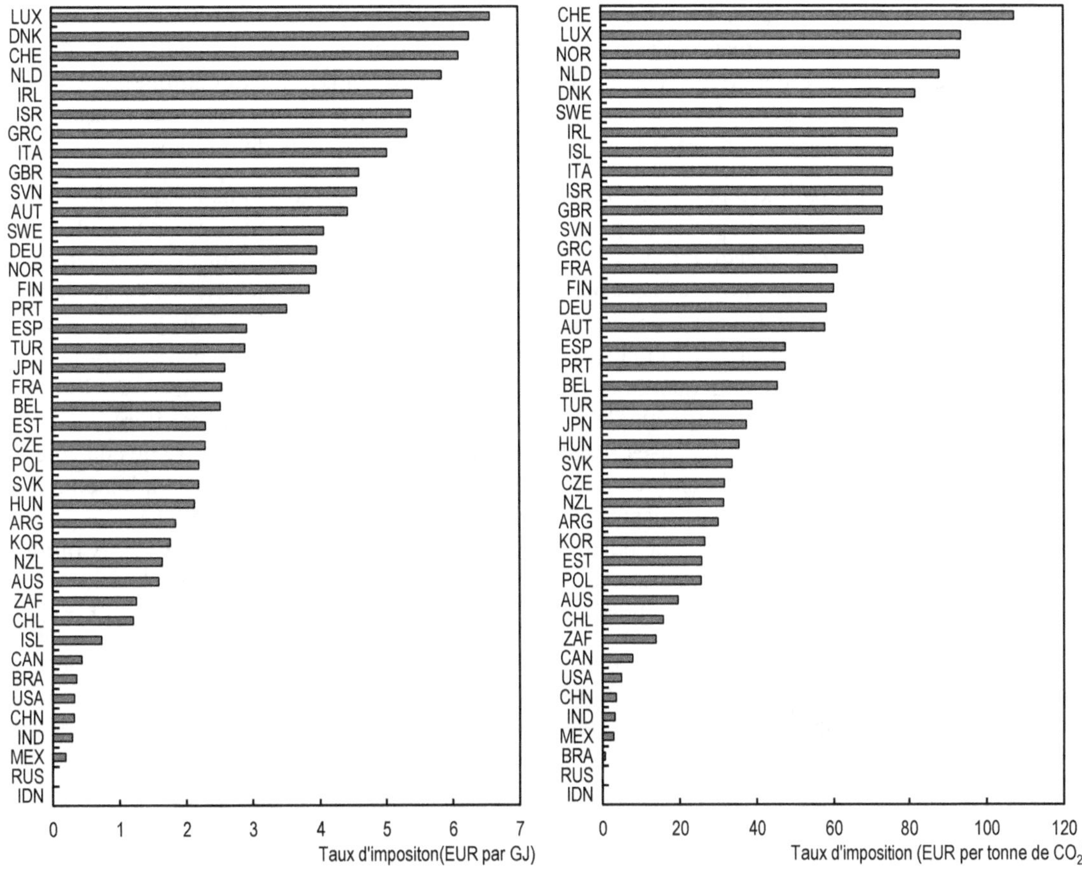

Notes: Calculs de l'OCDE pour les économies partenaires retenues. Les taux d'imposition sont ceux en vigueur au 1er avril 2012, à l'exception de l'Australie et du Brésil pour lesquels cette date est le 1er juillet 2012, et de l'Afrique du Sud pour laquelle c'est le 4 avril 2012. Pour cette raison, les taux pour l'Australie incluent la taxe carbone qui fut par la suite abrogée à compter du 1er juillet 2014. Les taux pour le Canada, l'Inde et les États-Unis ne concernent que les taxes fédérales.

Source: OCDE (2015b), http://dx.doi.org/10.1787/9789264232334-en.

Comme il est précisé plus haut, les estimations fondées sur les écarts de prix étaient le seul ensemble de données dont on disposait pour plusieurs pays et années au moment où les dirigeants du G20 se sont engagés, en 2009, à « rationaliser et abandonner progressivement à moyen terme les subventions inefficaces accordées aux combustibles fossiles qui encouragent la surconsommation ». La couverture géographique s'en est trouvée déséquilibrée, car cette méthode d'estimation ne rend pas compte des subventions et autres formes de soutien aux combustibles fossiles accordées dans la plupart des économies à revenu élevé — dans ce groupe de pays, les taxes sur la consommation d'énergie sont en général relativement plus lourdes. Ce déficit d'information a créé non seulement un clivage entre les économies à revenu élevé et à revenu intermédiaire dans le groupe de pays du G20 et ailleurs, mais aussi d'autres obstacles qui ont entravé les discussions d'ordre plus général sur les politiques énergétiques et leur réforme. Assurer la transparence et la collecte des informations constitue cependant la première étape dans tout processus d'évaluation et de réforme des politiques.

Pour remédier à ce problème, l'OCDE a commencé, en 2010, à collecter des informations sur tous les transferts budgétaires et toutes les dépenses fiscales qui encouragent la production ou la consommation de combustibles fossiles dans ses pays membres. Ces travaux ont bientôt abouti à la sortie, en 2012, du premier *Inventory of Estimated Budgetary Support and Tax Expenditures for Fossil Fuels* (OCDE, 2012b), et font partie depuis lors des activités courantes de l'OCDE. En renseignant sur les implications budgétaires des différentes mesures de soutien, l'Inventaire rend possible l'évaluation de toute une série d'interventions des pouvoirs publics aux divers points de la filière des combustibles fossiles, depuis le stade de l'extraction jusqu'à celui de la combustion dans les véhicules ou les centrales électriques. Cette approche permet, en particulier, de prendre en compte le soutien dispensé au travers du système fiscal, et plus généralement diverses formes de soutien qui ne font pas baisser les prix intérieurs des combustibles à des niveaux inférieurs aux prix internationaux de référence.

L'Inventaire ainsi constitué a permis d'étayer divers ouvrages et projets dans le cadre de l'OCDE et ailleurs. C'est une ressource importante pour les travaux récemment consacrés par l'OCDE à la publication intitulée *Taxing Energy Use* (OCDE, 2015b), et ses conclusions sont fréquemment reprises dans les *Examens environnementaux* et les *Études économiques* de différents pays. Les renseignements qui y figurent seront utiles également à l'élaboration du prochain rapport de l'OCDE faisant le bilan des efforts d'atténuation du changement climatique déployés à ce jour dans les pays membres, l'Union européenne et dix économies non membres (OCDE, 2015c, à paraître). En dehors de l'OCDE, la Commission européenne a adopté la méthode et le cadre de cet Inventaire pour produire une étude de suivi du soutien budgétaire et des dépenses fiscales bénéficiant aux combustibles fossiles dans les États membres de l'UE qui ne sont pas membres de l'OCDE (IVM, 2013). Cette étude supplémentaire a été suivie, un an plus tard, d'un rapport visant à améliorer la comparabilité des données sur le soutien budgétaire et les dépenses fiscales en faveur des combustibles fossiles au sein de l'UE (Commission européenne, 2014b). Par ailleurs, certaines communications nationales présentées dans le cadre de l'APEC au sujet des subventions aux combustibles fossiles se sont fondées elles aussi sur cet Inventaire.

En ce sens, l'Inventaire satisfait à un autre objectif important en œuvrant à la transparence des politiques publiques, des budgets des États et, au bout du compte, de l'emploi des ressources publiques. On peut également considérer qu'il apporte une réponse à la problématique plus générale du « verdissement » ou de l'écologisation de la politique budgétaire et des systèmes fiscaux. De plus, tout comme les recettes perçues au titre de taxes environnementales peuvent servir à réduire d'autres taxes qui ont des effets de distorsion plus puissants (par exemple les impôts sur le revenu du travail), la réforme des transferts budgétaires et des dépenses fiscales bénéficiant aux combustibles fossiles pourrait se solder par un « double dividende » en cas de nette hausse des recettes.

Cet inventaire devrait toutefois, vu ses caractéristiques, être considéré comme un complément de la méthode de l'écart de prix et non comme étant susceptible de s'y substituer. Ces deux approches ont des fonctions distinctes, aussi n'y-a-t-il guère lieu de les opposer. Notamment, les estimations calculées avec la méthode de l'écart de prix se prêtent particulièrement bien à l'analyse au niveau macroéconomique, qui facilite ensuite celle des effets des subventions sur les courants d'échanges internationaux et les émissions mondiales de GES. Cette méthode permet probablement aussi de gagner en précision et exhaustivité pour certains pays « qui n'ont pas les moyens ou la volonté de fournir des renseignements précis sur les activités du secteur public liées à l'énergie » (Koplow, 2009).

Notes

1. « Chine » dans la suite du document.

2. Certains signes portent à croire que des politiques environnementales ambitieuses — notamment les mesures visant à réduire les émissions de GES — ne sont pas forcément préjudiciables aux performances économiques à court ou à moyen terme, que celles-ci soient exprimées en termes de productivité (Albrizio et al., 2014) ou d'exportations (Sauvage, 2014). Voir Koźluk et Zipperer (2013) pour une étude des conclusions d'analyses empiriques sur ce thème. Arlinghaus (2015) et Flues et Lutz (2015) fournissent des données supplémentaires sur les effets des prix du carbone et de la fiscalité de l'énergie sur la compétitivité des entreprises, calculés à l'aide de divers indicateurs (par exemple la production ou l'emploi).

3. Ces distorsions vont jusqu'à agir sur les producteurs et les consommateurs d'autres pays, étant donné que presque tous les pays sont exposés au commerce international. Cette notion est à la base de la discipline des subventions par l'Accord sur les subventions et les mesures compensatoires (SMC) de l'OMC.

4. L'administration fiscale des États-Unis, par exemple, considère que la durée d'amortissement normale des investissements dans les conduites de transport de produits pétroliers et de gaz naturel se situe entre 15 et 22 ans (IRS, 2014).

5. Voir Butt et al. (2013) pour un aperçu des divers risques que l'extraction de combustibles fossiles fait peser sur la biodiversité.

6. Les NOX et les COV sont également des gaz précurseurs de l'ozone troposphérique (O3), lequel est à l'origine d'un grand nombre de problèmes respiratoires et nuit à la production d'oxygène par les plantes feuillues.

7. Les pluies acides peuvent être bénéfiques pour certains sols, par exemple ceux qui sont trop alcalins. De même, certaines études laissent à penser que les pluies acides peuvent réduire les émissions de méthane des terres humides. Voir par exemple Gauci et al. (2008).

8. Le modèle ENV-Linkages de l'OCDE est un modèle d'équilibre général calculable (MEGC) récursif, dynamique et mondial qui simule les interactions entre entreprises et ménages dans plusieurs secteurs et régions ainsi que sur plusieurs années. Son scénario de référence table sur l'hypothèse selon laquelle aucune nouvelle politique ne sera mise en œuvre et ses projections énergétiques sont calibrées sur celles du World Energy Model de l'AIE. Voir Château et al. (2014) pour une présentation du modèle ENV-Linkages.

9. Cette sous-section n'entend pas fournir un examen complet des travaux publiés au sujet des incidences des subventions aux combustibles fossiles et de leur réforme, mais présenter plutôt quelques exemples concrets d'études dans lesquelles ce type d'analyse étaye l'argumentation déjà évoquée selon laquelle les subventions aux combustibles fossiles sont souvent dommageables pour la société. Voir Ellis (2010) pour un examen des études empiriques et de modélisation concernant les effets des réformes de ces subventions entreprises entre le début des années 90 et 2009.

10. L'étude ayant été menée en 2010-11, il convient d'interpréter avec prudence les résultats car la rébellion qui a depuis lors éclaté au Yémen remet en question la faisabilité politique de la réforme des subventions dans ce pays.

11. Dans sa version actuelle qui a été modifiée, la loi de 1938 sur le gaz naturel exige toujours que les entreprises qui importent (exportent) du gaz naturel à destination (en provenance) des États-Unis obtiennent au préalable l'autorisation du ministère de l'Énergie des États-Unis, indépendamment du fait que les échanges de gaz s'effectuent sous forme gazeuse ou liquide.

Cette autorisation est toutefois automatiquement accordée aux acteurs qui vendent du gaz naturel à des pays ayant signé un accord de libre-échange avec les États-Unis (AIE, 2014b).

12. L'importation de carburants provenant de pays limitrophes où ils sont subventionnés est appelée « tourisme à la pompe » lorsque le transporteur est aussi le consommateur final du carburant. Ce phénomène réduit les recettes fiscales du pays de résidence du « touriste ».

13. Voir chapitre 9 de l'édition 2014 du *WEO* (AIE, 2014a) pour une description de la méthode de l'écart de prix utilisée pour estimer les subventions aux combustibles fossiles.

14. À ce sujet, voir aussi Kojima et Koplow (2015).

15. L'encadré 2.3 du chapitre 2 apporte un complément d'information sur cette publication parallèle.

Chapitre 2

L'approche de l'inventaire pour estimer le soutien aux combustibles fossiles

Ce deuxième chapitre présente le nouvel Inventaire des mesures de soutien aux combustibles fossiles que l'OCDE a mis à disposition sur son site Internet sous la forme d'une base de données en ligne. La première section décrit dans ses grandes lignes la structure de la base de données et le champ qu'elle couvre, et notamment ce que l'OCDE entend par « soutien ». La deuxième section explique comment l'OCDE a collecté les données primaires qui furent ensuite traitées et transformées, avant d'être finalement rassemblées dans la base de données. On y trouve, en particulier, une description du cadre conceptuel utilisé par l'OCDE pour organiser les informations recueillies. Enfin, la troisième section analyse de façon approfondie les mises en garde concernant les estimations des dépenses fiscales, car celles-ci représentent plus de la moitié des mesures que contient la base de données.

Les données statistiques concernant Israël sont fournies par et sous la responsabilité des autorités israéliennes compétentes. L'utilisation de ces données par l'OCDE est sans préjudice du statut des hauteurs du Golan, de Jérusalem Est et des colonies de peuplement israéliennes en Cisjordanie aux termes du droit international.

2.1. Un outil au service de la transparence : la base de données en ligne de l'OCDE sur les mesures de soutien aux combustibles fossiles

Utiliser l'outil en ligne

L'*Inventaire des mesures de soutien pour les combustibles fossiles* disponible en ligne recense, documente et estime près de 800 mesures de soutien à la production ou à la consommation de combustibles fossiles appliquées dans les pays de l'OCDE et dans certaines économies partenaires. L'OCDE a elle-même collecté et assemblé la plupart des informations, qui ont ensuite été vérifiées en coopération avec les administrations des pays concernés.

À chaque pays couvert par cet Inventaire correspond un jeu de données distinct. Dans ces jeux de données, les entrées représentent les politiques ou mesures particulières appliquées par un pays donné avec, pour chacune d'elles, une estimation annuelle de son coût budgétaire ou du manque à gagner qu'elle entraîne ainsi qu'une description détaillée. Cette dernière se compose de plusieurs caractéristiques importantes de la mesure concernée, notamment — quand ces renseignements sont disponibles — son histoire, les critères qui y ouvrent droit et ses bénéficiaires, son mécanisme de transfert, son incidence statutaire, les combustibles qu'elle favorise, etc.

La base de données est accessible en passant par le portail de statistiques en ligne de l'OCDE (DotStat), où les utilisateurs peuvent choisir de consulter tel ou tel aspect qui les intéresse. Des informations quantitatives, c'est-à-dire les montants du soutien accordé annuellement au travers des différentes mesures inventoriées, y figurent pour la période 2000-14, sauf dans les cas où l'on ne dispose pas de ces données ou lorsqu'elles s'avèrent sans objet. Tous les montants sont exprimés en unités de monnaie nationale et en valeur nominale, sauf indication contraire. Des informations qualitatives décrivant les caractéristiques de chaque politique ou mesure sont accessibles en cliquant sur la bulle d'information correspondante, en bleu, ce qui ouvre une fenêtre de métadonnées à droite présentant les renseignements qualitatifs rassemblés par l'OCDE.

Le concept global de « soutien », point de départ de l'analyse

L'Inventaire part du principe fondamental selon lequel, pour recenser les « subventions » accordées à un secteur ou à une industrie, il faut d'abord faire un état des lieux exhaustif de l'ensemble de mesures pouvant constituer un soutien au secteur en question. En raison notamment des effets interactifs entre les mesures, il est difficile de déterminer *a priori* si une disposition particulière est inefficace, encourage une surconsommation ou porte atteinte à l'environnement. C'est seulement en ayant une vue d'ensemble complète des mesures déjà à l'œuvre que l'on peut faire appel à divers outils d'analyse pour répondre à des questions à propos des effets de ces mesures sur le bien-être des populations et l'environnement. L'information précède donc l'analyse.

Par conséquent, ce que l'on qualifie de « soutien » couvre délibérément un champ vaste, voire plus large que ne le font certaines acceptions du terme « subvention ». Pour l'essentiel, cela concerne tant les transferts budgétaires directs que les dépenses fiscales qui, d'une façon ou d'une autre, avantagent ou privilégient la production ou la consommation de combustibles fossiles sur d'autres solutions envisageables. Cette définition au sens large englobe donc des mesures qui peuvent induire des variations des prix relatifs des combustibles fossiles. Cependant, bien qu'il recense des mesures se traduisant par un soutien (en termes absolus ou relatifs) aux combustibles fossiles, le présent inventaire ne prétend pas évaluer les répercussions sur les prix ou les quantités des mesures prises en compte, ni se prononcer sur le caractère justifié ou non de l'une ou l'autre en particulier. En ce sens, l'ampleur du champ couvert cadre bien avec l'objectif de l'inventaire visant à faire progresser la transparence des politiques publiques.

Il est entendu que les politiques de soutien aux combustibles fossiles ont été mises en place pour diverses raisons ; autrement dit, les mesures de soutien peuvent avoir leur propre raison d'être. La notion de soutien au sens large qui a été retenue pour cet Inventaire a notamment pour conséquence que, si un certain nombre de ces mesures peuvent être inefficaces ou entraîner des surconsommations, d'autres peuvent ne pas l'être. Ce rapport n'analyse pas les incidences des mesures de soutien particulières, et n'émet donc aucune appréciation sur les mesures qu'il pourrait se révéler utile de garder en place ou sur celles qu'un pays pourrait vouloir réformer ou supprimer. Il entend plutôt renseigner de façon très complète sur les mesures qui apportent un certain soutien, ces informations pouvant servir de point de départ pour analyser ultérieurement les objectifs des différentes mesures, leurs répercussions (économiques, environnementales et sociales), ainsi que les réformes et les alternatives envisageables.

Couverture de la base de données : 40 pays et 40 types de combustibles

La base de données actuelle contient différentes entrées concernant des mesures de soutien qui ont été ou sont actuellement en vigueur dans les 34 pays membres de l'OCDE et dans six économies partenaires : le Brésil, la République populaire de Chine[1], l'Inde, l'Indonésie, la Fédération de Russie et l'Afrique du Sud. En outre, le soutien accordé au niveau infranational (par exemple au niveau des États, des provinces ou des *Länder*) est inclus pour les pays à régime fédéral suivants : Australie, Canada, Allemagne et États-Unis. En raison de contraintes de temps et de moyens, les entrées au niveau infranational correspondant aux États-Unis ne couvrent jusqu'ici que 11 États, choisis parce que leurs ressources en combustibles fossiles sont relativement abondantes, à savoir : l'Alaska, la Californie, le Colorado, le Kentucky, la Louisiane, le Dakota du Nord, l'Oklahoma, la Pennsylvanie, le Texas, la Virginie occidentale et le Wyoming.

Dans la gamme des combustibles pris en compte dans cet Inventaire il entre aussi bien des produits énergétiques fossiles primaires (par exemple pétrole brut, gaz naturel, charbon et tourbe) que des produits secondaires, raffinés ou transformés (par exemple gazole, essence, kérosène et briquettes de houille ou de lignite). Parmi les combustibles primaires figurent notamment les combustibles fossiles provenant de sources non conventionnelles, comme le pétrole extrait de sables bitumineux, le gaz naturel provenant de formations de schistes ou le méthane houiller. Les mesures de soutien à la production ou à la consommation de biocarburants ne sont pas couvertes dans l'inventaire actuel, ni non plus celles concernant l'électricité, sauf s'il peut être démontré que l'électricité est presque exclusivement produite à partir de combustibles fossiles et que les possibilités d'échanges transfrontaliers d'électricité sont limitées[2]. Pour contribuer à assurer la cohérence de la base de données avec d'autres ensembles de données qui existent déjà, la classification des combustibles retenue est celle que décrit la publication *Energy Statistics Manual* (AIE et al., 2004)[3].

Dans le souci de maîtriser l'ampleur des travaux à mener, l'Inventaire ne couvre pas les mesures de soutien à la production ou à l'utilisation d'équipements consommateurs d'énergie, comme les véhicules et autres machines fonctionnant aux énergies fossiles. Bien que les incitations à accumuler des biens de ce type encouragent sans doute à consommer davantage de combustibles fossiles, leur rapport à ces derniers est bien moins direct que celui des mesures visant les sources d'énergie proprement dites. On peut s'attendre, par exemple, que les mesures favorisant la construction automobile et l'acquisition de véhicules routiers influent sur la consommation de carburants, mais seulement de manière indirecte. De ce point de vue, ces mesures relèvent davantage du soutien à l'industrie automobile que du soutien aux combustibles fossiles.

Certaines autres mesures visent les combustibles fossiles, mais en encourageant l'adoption de formes d'énergie ou de pratiques relativement plus propres. C'est le cas notamment des dispositions incitant à remplacer le charbon par du gaz naturel dans la production d'électricité, ou favorisant les véhicules routiers au GPL ou au gaz naturel comprimé. Ces mesures contribuent certes à réduire les émissions de GES dans l'immédiat, mais elles risquent aussi de retarder la transition énergétique en réduisant les coûts de production et de consommation d'énergies fossiles par rapport aux autres options. Sans ignorer que ces mesures procurent des avantages de courte durée pour l'environnement, l'inventaire en tient compte car, pour justifier leur exclusion pour des motifs écologiques, il faudrait définir une série de critères d'évaluation de leurs effets sur l'environnement. Cependant, et c'est crucial, il n'est pas question dans l'Inventaire des effets de telle ou telle mesure – comme nous l'avons déjà précisé –, ni d'appréciations justifiant ou non une disposition donnée : son objet n'est pas de livrer une analyse des qualités environnementales des différentes mesures. Par ailleurs, les politiques en faveur du développement et du déploiement des technologies de captage et de stockage du carbone (CSC) ne figurent pas dans l'inventaire actuel (encadré 2.1).

Encadré 2.1. Le soutien au captage et au stockage du carbone

Le captage et le stockage du carbone (CSC) désigne « une famille de technologies et de techniques permettant de capter le CO_2 à l'issue de la combustion de combustibles ou lors de procédés industriels, de le transporter par navires ou par conduites, puis de le stocker sous terre, dans des gisements épuisés de pétrole ou de gaz, ou encore dans des formations salifères à grande profondeur » (AIE, 2013). En dépit du fait que les technologies CSC sont fréquemment couplées aux installations de combustion d'énergies fossiles dans les centrales thermiques et les procédés industriels, l'inventaire actuel ne traite pas les politiques de soutien au développement et au déploiement du CSC comme étant un soutien aux combustibles fossiles, mais plutôt comme relevant du soutien à des équipements consommateurs d'énergie.

Les technologies CSC sont également considérées en règle générale comme des outils susceptibles d'atténuer le changement climatique. Le cinquième Rapport d'évaluation du GIEC fait observer que, dans bon nombre de ses modèles, il a été impossible « d'atteindre des niveaux de concentration atmosphérique d'environ 450 ppm d'équivalent CO_2 à l'horizon 2100 dans le cas où le renforcement de l'atténuation prendrait un retard considérable ou dans celui où la disponibilité de technologies clés telles que la bioénergie, le CSC et leur application conjuguée (BECSC) serait limitée » (GIEC, 2014). Il en ressort qu'il peut parfois s'avérer difficile, sans CSC, d'obtenir des réductions importantes des émissions dans des industries à forte intensité énergétique comme celles de l'acier et du ciment. Quant aux centrales au charbon ou au gaz, il est possible, notamment grâce au CSC, d'éviter qu'elles deviennent des actifs échoués en les réaménageant pour les doter de cette technologie. Toutefois, pour pouvoir équiper les installations fonctionnant aux combustibles fossiles avec la technologie CSC, il faudrait que le coût de cette dernière diminue et que celui de la consommation de combustibles fossiles non accompagnée de mesures de lutte contre les émissions augmente encore (par exemple en faisant payer les émissions de carbone). À l'heure actuelle, on estime que les technologies CSC pourraient, tout compte fait, alourdir les coûts des centrales au charbon d'un pourcentage compris entre 40 % et 63 % dans les années 2020.

À la fin de 2014, 13 projets de captage du CO_2 à grande échelle étaient opérationnels dans le monde, et 13 autres se trouvaient à un stade avancé de planification (AIE, 2015). Parmi eux, la centrale au charbon de Boundary Dam dans le Saskatchewan (Canada) assure le captage de plus d'un million de tonnes de CO_2 par an (l'équivalent d'un tiers des émissions d'une centrale au charbon de 500 MW) et le projet d'Otway (Australie), qui bénéficie d'un soutien financier de l'État de Victoria, a permis jusqu'ici de stocker 65 000 tonnes de CO_2. Les technologies CSC peuvent aussi servir à capter les émissions de CO_2 provenant d'autres sources : c'est par exemple le cas du projet de CSC de Decatur dans l'Illinois (États-Unis), dont la mise en exploitation est prévue en 2015 et qui captera le CO_2 issu de la production de bioéthanol et non de la combustion de combustibles fossiles. En outre, plusieurs projets pilotes de CSC dans des cimenteries permettent le captage du CO_2 émis lors de la calcination de calcaires.

Sources: AIE (2013, 2015), GIEC (2014), base de données ZeroCO_2.

2.2. Méthodes et sources des données

La collecte des données primaires

En règle générale, les données contenues dans l'Inventaire ont été obtenues auprès de sources officielles. Les mesures de soutien ont été recensées, pour l'essentiel, en procédant à des recherches dans des documents et des sites Internet officiels. Dans d'autres cas, des données non publiées ont été directement fournies par des administrations publiques. Si elle ne parvenait à trouver aucune donnée et qu'elle jugeait les calculs nécessaires réalisables et plausibles, l'OCDE a estimé la valeur du soutien. Par conséquent, les données présentées sont aussi complètes que possible, mais nullement exhaustives. Notamment, davantage de renseignements sont disponibles lorsque les documents budgétaires des pays sont relativement plus transparents. Cela ne signifie pas forcément que ces pays consentent un soutien plus important que d'autres, mais témoigne peut-être d'une plus grande transparence des informations sur celui qu'ils accordent.

Pour réunir des informations concernant les différentes mesures de soutien, on utilise surtout comme sources les budgets annuels des pays (par exemple les états budgétaires, les comptes publics ou les statistiques budgétaires) qui comportent parfois une annexe où les dépenses fiscales sont décrites et estimées. Les décideurs publics considèrent souvent, en effet, que les dépenses fiscales peuvent se substituer aux dépenses directes car elles constituent un autre moyen de réaliser des transferts de ressources publiques (OCDE, 2010a). Parfois, les rapports sur les dépenses fiscales sont publiés dans des documents indépendants, annuels ou bisannuels. Cela dit, un certain nombre de pays ne rendent pas publiques leurs estimations des dépenses fiscales, et la collecte de données n'en est que plus complexe. Ainsi, celle-ci peut être limitée par la quantité d'estimations déjà publiées par les pays sur les dépenses fiscales relatives aux combustibles fossiles.

Sauf rares exceptions, la plupart des pays couverts par l'Inventaire établissent à intervalles réguliers, sous une forme ou une autre, des rapports sur leurs transferts budgétaires et leurs dépenses fiscales. En revanche, ces rapports sont plus ou moins approfondis et leur portée diffère selon les pays (encadré 2). La plupart des rapports rendent compte des dépenses fiscales relatives aux impôts sur les bénéfices des sociétés et sur le revenu des particuliers, mais ceux qui couvrent la TVA sont moins nombreux, et ceux qui font état d'estimations des dépenses fiscales au titre des droits d'accise le sont encore moins. Des différences y apparaissent aussi en ce qui concerne le niveau d'agrégation des dépenses indiquées, qu'elles soient fiscales ou non. Dans certains cas, les données disponibles permettent d'identifier clairement les montants du soutien bénéficiant aux consommateurs ou aux producteurs de combustibles fossiles, notamment lorsque les transferts sont indiqués par industrie ou par secteur. Dans d'autres, les données brutes sont trop agrégées et doivent faire l'objet d'une ventilation plus fine du soutien total entre les différents secteurs ou industries bénéficiaires de la mesure. Cela arrive par exemple quand des mesures s'appliquent à la consommation énergétique finale en général ou à la production d'une série de ressources naturelles au lieu de viser la production de combustibles fossiles proprement dite.

Encadré 2.2. L'établissement de rapports sur les transferts budgétaires et les dépenses fiscales concernant les combustibles fossiles dans certains pays

En matière d'établissement de rapports sur les transferts budgétaires et les dépenses fiscales, les usages sont différents d'un pays à l'autre. On constate cependant une tendance notable à appliquer de meilleures pratiques au fil du temps, au fur et à mesure que les administrations nationales améliorent la qualité et l'étendue des informations qu'elles choisissent de publier. En Italie, la *Delega Fiscale* assoit désormais sur une base juridique l'établissement de rapports annuels sur les dépenses fiscales et les estimations correspondantes du manque à gagner fiscal. En Chine, le ministère des Finances a récemment mis en place un portail en ligne donnant accès aux comptes financiers nationaux annuels du pays, dans lequel figurent des données détaillées sur les différents programmes budgétaires, y compris les dépenses engagées par les autorités locales.

L'Allemagne fait ici figure d'exemple : le ministère fédéral des Finances produit tous les deux ans un rapport sur les subventions (*Subventionsbericht*) qui contient des informations détaillées et des estimations concernant aussi bien les transferts budgétaires que les dépenses fiscales. Les données ainsi rassemblées sont présentées par secteur, ce qui permet d'évaluer plus facilement comment les différentes industries se situent, en Allemagne, au regard du soutien public total, et de savoir si ce soutien est octroyé sous la forme d'une aide budgétaire directe ou d'avantages fiscaux. Toutefois, comme ces travaux sont menés au niveau fédéral, la question du soutien accordé par les juridictions infranationales (*Länder*) n'y est pas abordée.

L'*Office of Management and Budget* (OMB) est l'organe exécutif responsable de la préparation du budget fédéral des États-Unis. Dans le cadre de son mandat, il produit des rapports détaillés sur les dépenses fiscales fédérales des États-Unis tous les ans depuis que le *Congressional Budget Act* de 1974 a exigé que ces dispositions fiscales soient inscrites dans le budget fédéral. Les estimations annuelles de l'OMB sont aisément accessibles en ligne, mais elles ne couvrent pas les taxes indirectes sur les carburants, ni les nombreuses dépenses fiscales engagées au niveau infranational par les États. On peut toutefois trouver des estimations de ces dernières dans les rapports sur les dépenses fiscales que la plupart des États produisent de nos jours aux États-Unis. Le *Joint Committee on Taxation* (JCT) du Congrès des États-Unis, organe législatif chargé de la fiscalité, élabore aussi, parallèlement, sa propre liste des dépenses fiscales fédérales, qui ne se recoupe pas toujours avec celle de l'OMB. Axée plus précisément sur le secteur de l'énergie, l'Energy Information Administration (EIA) du ministère de l'Énergie des États-Unis établit périodiquement une documentation et formule des observations sur les divers transferts budgétaires et dépenses fiscales qui bénéficient à la production ou à la consommation de combustibles fossiles au niveau fédéral. Par ailleurs, le *Government Accountability Office* (GAO) et le *Congressional Research Service* (CRS) produisent parfois des examens approfondis des dépenses fiscales fédérales des États-Unis, et soumettent pour ce faire les mesures correspondantes à un contrôle extrêmement minutieux.

Sources: Bundesministerium der Finanzen (2013), CRS (2012), EIA (2011), GAO (2005), FMI (2012), JCT (2014), Ministère des Finances de la République populaire de Chine (sans date), OCDE (2010a), OMB (2015).

Organisation et traitement des données

Après avoir collecté les données primaires, il est attribué à chaque mesure un identifiant spécifique, lequel est ensuite associé à plusieurs aspects permettant de caractériser la mesure, par exemple le fait que celle-ci relève de l'estimation du soutien aux producteurs (ESP), de l'estimation du soutien aux consommateurs (ESC) ou de l'estimation du soutien aux services d'intérêt général (ESSG). Dans le cadre utilisé par l'OCDE pour estimer le soutien aux producteurs et aux consommateurs[4], les mesures qui bénéficient individuellement aux producteurs sont classées dans la catégorie ESP et celles dont les bénéficiaires sont les consommateurs à titre individuel entrent dans la catégorie ESC. En revanche, les mesures qui bénéficient collectivement aux producteurs ou aux consommateurs correspondent à la catégorie ESSG, de même que les mesures qui ne font pas augmenter la production ou la consommation de combustibles fossiles du moment, mais qui risquent de le faire à l'avenir. Des exemples de mesures qui relèvent de l'ESSG sont notamment le soutien public au développement d'infrastructures propres à une industrie, tel le soutien public à la construction de terminaux charbonniers ou gaziers, ou le financement public d'activités de R-D de tout un secteur concernant l'exploration et la transformation de combustibles fossiles.

Aux fins du présent Inventaire, on entend par consommation de combustibles fossiles le stade de leur combustion, que ce soit dans des véhicules à moteur, des moteurs fixes, des équipements de chauffage ou des centrales électriques. Dès lors, la production englobe les activités suivantes dans la chaîne d'approvisionnement : exploration et extraction (EXTRACT), transport en vrac et stockage (TRANS), ainsi que raffinage et traitement (REFIN). Ainsi, les aides au transport du charbon par barge ou chemin de fer, ou aux raffineries de pétrole, feraient partie de la catégorie ESP (ou ESSG, le cas échéant). Plus en aval, la consommation recouvre par définition, aux fins de cet inventaire, les catégories suivantes : la consommation de combustibles fossiles pour la production de chaleur et d'électricité (GENER) ; leur consommation dans des procédés et des activités industriels, en dehors du secteur de l'énergie (INDUS) ; et toutes les autres utilisations finales des combustibles fossiles (END), que ce soit dans le secteur des transports, le secteur résidentiel ou les secteurs primaires hors secteur de l'énergie (par exemple l'agriculture et la foresterie). Le graphique 2.1 résume la correspondance entre ces divers stades de la chaîne d'approvisionnement et le cadre de l'ESP-ESC que l'on vient de décrire.

Graphique 2.1. Adapter le système d'indicateurs ESP-ESC aux combustibles fossiles

Indicateur	AMONT		→			AVAL
	EXTRACT	**TRANS**	**REFIN**	**GENER**	**INDUS**	**END**
ESP	X	X	X			
ESC				X	X	X
ESSG	X	X	X	X	X	X

L'incidence statutaire des mesures est un autre aspect qui permet de les caractériser dans la base de données. À la différence de l'incidence économique, qui renvoie aux bénéficiaires finaux d'une mesure, l'incidence statutaire ou réglementaire ne tient pas compte des élasticités de l'offre et de la demande, et concerne donc exclusivement l'aspect de la production ou de la consommation officiellement ciblé par la mesure en question. Dans ce sens, on peut interpréter l'incidence statutaire ou réglementaire comme étant l'incidence de droit, tandis que l'incidence économique s'apparente davantage à la notion d'incidence de fait. Comme pour les effets environnementaux d'une mesure, c'est seulement à l'issue d'une analyse rigoureuse que l'incidence économique d'une mesure peut être établie. C'est pourquoi, pour le moment, seule l'incidence statutaire est couverte dans l'Inventaire. À cet effet, elle est subdivisée en plusieurs catégories, chacune correspondant à une colonne distincte du tableau A.4 (dans l'annexe), selon que la mesure se rapporte au rendement de la production (les recettes unitaires perçues de la vente) ; au revenu des entreprises (le revenu global des producteurs) ; au coût des consommations intermédiaires, par exemple les matières premières ; au coût des facteurs de production générateurs de valeur ajoutée – la main-d'œuvre, les terres (y compris l'accès aux ressources naturelles du sous-sol), le capital et les connaissances nouvelles – ou à la consommation en général. De la façon dont elle est organisée et présentée dans le tableau A.4, la matrice permet de mettre en relation l'incidence statutaire d'une mesure avec le mécanisme de transfert qui la concerne, c'est-à-dire avec la manière dont le transfert est créé, que ce soit par un transfert budgétaire direct, un avantage fiscal ou une garantie de prêt.

Par nécessité, cet Inventaire privilégie les transferts budgétaires et les dépenses fiscales relatifs aux combustibles fossiles car les données sur d'autres formes plus complexes de soutien, comme la prise en charge par l'État de certains risques qui sinon pèseraient sur le secteur privé, peuvent être beaucoup plus difficile à obtenir[5]. Cependant, de nombreuses autres formes de soutien — notamment le soutien consenti moyennant des transferts de risques — ne sont pas encore chiffrées. L'estimation des transferts associés à ces mesures nécessite davantage de données et des calculs plus complexes. Et ce surtout quand il s'agit de prêts assortis de conditions préférentielles ou de garanties de prêts, car pour estimer le coût direct pour l'État de l'aide dispensée il faudrait alors calculer la valeur actuelle en utilisant des taux d'actualisation soigneusement choisis (Lucas, 2015, à paraître). En ce qui concerne le soutien des prix du marché au profit des producteurs, le chapitre qui précède indiquait déjà que les droits de douane appliqués aux principaux combustibles fossiles sont généralement faibles ou nuls, même dans le cas des droits relevant du régime de la nation la plus favorisée (droits NPF), qui ne tiennent pas compte du nombre considérable d'accords commerciaux préférentiels aujourd'hui en vigueur (voir tableaux A.2 et A.3 de l'annexe)[6]. Il est donc peu probable que le soutien des prix du marché pose un problème grave dans le cas des combustibles fossiles dans la mesure où des prix intérieurs maintenus à des niveaux artificiellement élevés se traduiraient par une forte protection contre la concurrence internationale.

Parmi les mesures contenues dans l'Inventaire, plusieurs sont favorables à plus d'un type de combustible fossile. La principale transformation des données opérée par l'OCDE a donc consisté à attribuer le soutien aux différents combustibles quand les sources officielles ne fournissaient pas les données ainsi ventilées. En suivant une pratique normalisée (voir par exemple OCDE, 2010b), les transferts associés à des mesures bénéficiant à plus d'un combustible ou à plus d'un secteur ont été alloués en fonction de la valeur relative de la production ou de la consommation, ou proportionnellement à l'équivalent énergétique, au volume de la production ou à la consommation. Il est admis que la répartition effective du soutien entre les différents types de combustibles peut varier, dans la pratique, sous l'effet d'autres facteurs que le volume ou la valeur de la production ou de la consommation, mais l'approche retenue convient faute de renseignements plus précis. C'est pourquoi, même si les données primaires proviennent de sources officielles, les ventilations présentées dans la base de données ne cadrent pas nécessairement avec les estimations des administrations publiques responsables. Dans quelques cas, très rares et touchant surtout à des exemptions de taxes indirectes, l'OCDE a estimé la valeur de la dépense fiscale sur la base du taux d'exemption rendu public et des données de l'AIE ou de l'administration nationale concernée sur le volume de combustible exonéré. Le cas échéant, la description détaillée d'une transformation de données ou d'un calcul effectués par l'OCDE est présentée en ligne, dans le cadre des métadonnées correspondant aux mesures visées.

2.3. Comprendre les dépenses fiscales relatives aux combustibles fossiles

Les dépenses fiscales sont souvent, pour les pouvoirs publics, un moyen d'apporter un soutien à certaines activités ou entités qu'ils jugent bénéfiques d'un point de vue sociétal. Par conséquent, il n'est pas étonnant que des institutions comme la Commission européenne ou l'OMC considèrent les avantages fiscaux comme étant équivalents à une forme de « subvention » ou d'« aide publique »[7]. Même si les dépenses fiscales ne sont nullement le seul mécanisme par lequel les autorités peuvent octroyer un soutien à la production ou à la consommation de combustibles fossiles, leur interprétation n'en est pas moins sujette à plusieurs mises en garde spécifiques, qu'il convient de ne pas oublier en consultant la base de données de l'inventaire. C'est particulièrement vrai dès lors que ces dépenses fiscales sont le plus souvent estimées en regard d'un niveau ou régime d'imposition de référence, propre à un pays donné.

Types de dépenses fiscales relatives à la consommation de combustibles fossiles

Bon nombre des dépenses fiscales qui figurent dans l'Inventaire visent la consommation finale de combustibles fossiles, généralement sous forme de taux réduits, d'exonérations ou de déductions de deux grandes catégories de taxes à la consommation :

- les taxes sur la valeur ajoutée (TVA), qui s'appliquent à la consommation finale et se veulent à large assiette, et qui représentent un pourcentage de la valeur du produit ou du service vendu ;
- et les droits d'accise, qui sont prélevés sur des produits précis et dont la valeur, en principe indépendante de la valeur du produit lui-même, est plutôt liée à son poids, à sa masse ou à son pouvoir calorifique.

Ce sont là les types de dépenses fiscales liées aux combustibles fossiles que l'on remarque les plus car elles ont souvent un effet direct sur les prix finaux et, partant, sur la consommation ; cela dit, l'impact sur les prix qui y est associé n'est pas toujours facile à mesurer. Ce sont les taux d'imposition de référence qu'utilisent les pays pour estimer le manque à gagner imputable à ces dépenses fiscales qui posent en particulier des difficultés. Non seulement ces taux de référence varient d'un pays à l'autre, mais ils ne sont pas les mêmes pour tous les secteurs ou types de combustibles, ce qui modifie l'éventail des dispositions que les pouvoirs publics qualifient de dépenses fiscales (encadré 2.3).

Certaines dépenses fiscales consistent, pour l'essentiel, en des exonérations générales de TVA ou des réductions des taux de la TVA appliqués par les pays, tandis que d'autres sont plus ciblées. Dans ce domaine, trois grandes catégories de dépenses fiscales se distinguent : (i) celles qui concernent des groupes spécifiques de consommateurs ; (ii) celles qui concernent des types de combustibles précis ; et (iii) celles qui sont liées au mode de consommation des combustibles visés.

Dans la première catégorie, les particuliers ou les entreprises qui remplissent les conditions requises se voient moins taxés sur leur consommation de combustibles fossiles que les autres consommateurs, soumis au taux normal d'imposition. Il est fréquent que les résidents de certaines régions en bénéficient parce qu'ils sont considérés lésés par leur situation géographique ou économique (par exemple les territoires d'outre-mer en France ou certaines régions de l'Italie). À l'instar de certains types de transferts budgétaires, ces avantages fiscaux ont généralement des objectifs à caractère social, par exemple les aides au revenu des ménages. D'autres dépenses fiscales de cette première catégorie sont par exemple les exonérations de taxes sur les carburants dont bénéficient parfois les administrations publiques (ou les représentations diplomatiques et les organisations internationales comme l'OCDE) : c'est le cas aux États-Unis, où les administrations des États et les collectivités locales sont le plus souvent exonérées de droit d'accise sur leurs achats de carburants. En général, les avantages fiscaux relevant de cette première catégorie encouragent à consommer davantage de carburants ou combustibles exonérés.

La deuxième catégorie se compose des dépenses fiscales découlant de l'application de taux d'imposition réduits (ou d'une exonération totale) à certains carburants ou combustibles fossiles, même si ceux-ci sont destinés au même usage final que d'autres plus lourdement taxés. Un exemple courant, s'agissant des carburants, est la moindre taxation du gazole par rapport à l'essence (ou son exonération) (Harding, 2014)[8]. De nombreux pays perçoivent aussi des droits d'accise inférieurs sur les carburants jugés « plus propres » que l'essence ou le gazole, par exemple le gaz naturel comprimé (GNC), les gaz de pétrole liquéfiés (GPL) et les biocarburants, afin d'encourager les consommateurs à les adopter. Ces écarts de taux d'imposition, dans la mesure où ils sont considérés comme des dépenses fiscales par les pays concernés, sont inclus dans l'Inventaire.

Encadré 2.3. Taxer la consommation d'énergie dans la zone OCDE et ailleurs

En complément de ses travaux actuels consistant à recenser et documenter les mesures de soutien aux combustibles fossiles, puis à calculer des estimations les concernant, l'OCDE a également examiné en détail la fiscalité applicable à la consommation d'énergie dans différents pays et secteurs, ainsi que pour divers combustibles, dans le cadre de sa publication intitulée *Taxing Energy Use* (*Taxer la consommation d'énergie*). À cette fin, elle a rassemblé des informations sur les taux d'imposition spécifiques appliqués aux diverses sources d'énergie dans différents secteurs et pays, et les a ensuite associées à des données correspondantes de l'AIE sur les volumes d'énergie consommée. Il devient ainsi possible d'exprimer les taux de taxation de l'énergie de façon comparable — généralement, en unités de monnaie nationale ou EUR par GJ et par tonne de CO_2 —, ce qui facilite la compréhension de la structure et du niveau des taxes sur l'énergie, et notamment des dépenses fiscales, le cas échéant. Cette publication propose en particulier une série de profils graphiques qui illustrent de façon concise la consommation et la taxation de l'énergie dans différents pays ainsi que les répercussions des taxes sur les signaux-prix en lien avec le contenu énergétique et la teneur en carbone. Le graphique 6 présente à titre d'exemple l'un de ces profils graphiques, celui de la Suède.

Graphique 2.2. La taxation de la consommation d'énergie en Suède sur la base des émissions de carbone

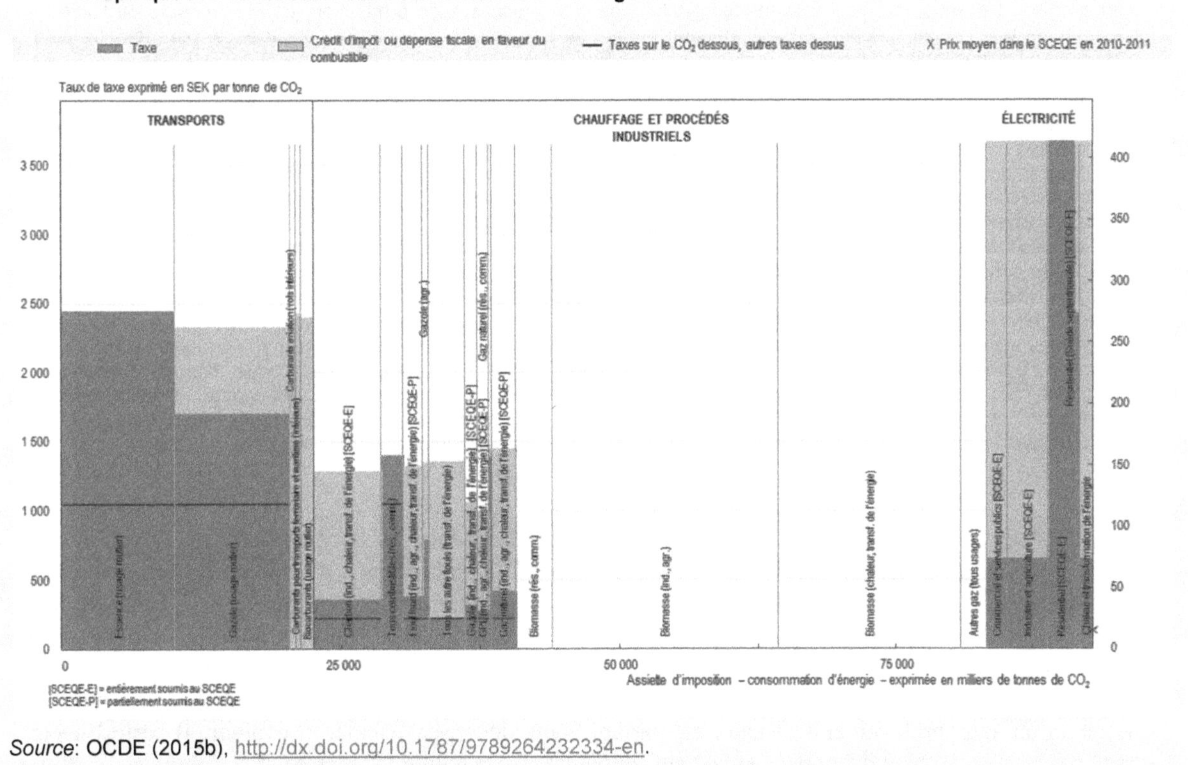

Source: OCDE (2015b), http://dx.doi.org/10.1787/9789264232334-en.

Enfin, dans la troisième catégorie entrent les dépenses fiscales qui résultent de la différenciation des taux en fonction de l'usage du carburant. On trouve fréquemment des dispositions de ce type dans des industries primaires telles que l'agriculture, la foresterie et la pêche, où la consommation de gazole est souvent exonérée du droit d'accise normalement perçu sur les achats de carburants. C'est par exemple le cas au Canada, en France, en Allemagne, en Hongrie, en Israël ou en Suisse. Les carburants aviation constituent un cas particulier parce qu'ils sont généralement exonérés quand ils sont destinés à assurer des vols internationaux[9]. Il peut également surgir des complications concernant la taxation des combustibles fossiles entrant dans des procédés de production industrielle (encadré 2.4).

Encadré 2.4. Les dépenses fiscales relatives aux combustibles fossiles entrant dans le processus de production

L'industrie manufacturière et les services consomment aussi une proportion importante de combustibles fossiles (par exemple pour produire de la chaleur dans les usines ou comme consommation intermédiaire dans d'autres usages). Certaines dépenses fiscales visent donc des produits énergétiques fossiles qui constituent des ressources mises en œuvre dans des processus de production. Avec certains types de taxes, comme la TVA, les pouvoirs publics cherchent à taxer uniquement la consommation finale. Les entreprises sont alors effectivement et nécessairement exonérées de la TVA qu'elles acquittent sur des consommations intermédiaires moyennant un mécanisme de remboursement. Ces mesures sont spécialement conçues pour éviter une discrimination entre différentes méthodes de production. Dans ces conditions, il peut se révéler compatible avec les objectifs généraux de la TVA d'en exonérer les produits énergétiques, y compris les combustibles fossiles, lorsqu'ils ne représentent qu'une consommation intermédiaire dans le processus de production.

En revanche, avec les droits d'accise, les pouvoirs publics font délibérément augmenter le prix du produit taxé — par exemple si la consommation de ce produit est jugée préjudiciable à la société, ou s'il est facile et relativement efficient de prélever des recettes au titre de sa consommation. Étant donné le but recherché, il ne serait guère justifié d'en exonérer les entreprises qui utilisent ces produits dans le processus de production, dans la mesure où l'objectif n'est pas de taxer la consommation finale mais un produit ou une activité donnés. En l'occurrence, l'exonération peut ainsi nuire à l'efficacité de la taxe.

Les industries qui transforment les combustibles fossiles en produits raffinés ou en électricité sont souvent exonérées elles aussi de droits d'accise, à la fois sur les combustibles qu'elles utilisent comme matière première et sur ceux qu'elles consomment comme énergie de procédé (autrement dit, qui constituent un facteur créateur de valeur). Cela découle de ce que l'on qualifie parfois de « privilège » des entreprises du secteur de la transformation de l'énergie — une disposition du code des impôts selon laquelle on ne peut taxer aucun combustible fossile utilisé pour produire des produits énergétiques finaux (comme l'essence, les briquettes de charbon ou l'électricité). Pourtant, ces mêmes combustibles fossiles, quand ils sont utilisés dans les processus de production normaux d'autres industries, sont souvent taxés. Si la consommation ultérieure de produits énergétiques issus de ce type de processus de transformation de l'énergie est taxée (par exemple l'électricité au point de distribution), il peut sembler logique d'exonérer les combustibles utilisés comme matière première afin d'éviter une double imposition. Cela étant, pour couvrir tous les combustibles consommés en tant qu'énergie, il faudrait taxer l'énergie consommée dans le procédé de transformation (c'est-à-dire l'énergie de procédé) ou, à défaut, calculer le montant brut de la taxe sur les produits énergétiques finaux (par exemple l'électricité) pour tenir compte de l'énergie consommée dans le processus de production. C'est pourquoi l'Inventaire tient généralement compte des avantages fiscaux relatifs aux combustibles fossiles consommés comme énergie de procédé quand le pays concerné (par exemple l'Allemagne) considère qu'il s'agit de dépenses fiscales.

Il importe de ne pas oublier, lors de l'interprétation des dépenses fiscales liées à la TVA ou aux droits d'accise, que dans la plupart des pays couverts par l'Inventaire, une grande partie des carburants ou combustibles consommés — et particulièrement les carburants — sont taxés, dans une certaine mesure. Les produits non taxés sont en général vendus à des prix qui se trouvent au moins à parité avec ceux du marché mondial. Même si l'on tient compte des exonérations, abattements et allégements, la taxation a pour effet net global une certaine dissuasion à l'égard de la consommation, contrairement à une situation sans prélèvements fiscaux et, partant, sans dépenses fiscales à évaluer. Il reste que les écarts par rapport au taux d'imposition normal faussent tout de même les prix relatifs *à l'intérieur* d'une économie, et peuvent ainsi favoriser la consommation de certains combustibles au détriment d'autres. À cet égard, les allégements de droits d'accise et les réductions sélectives de taux de TVA en faveur des combustibles fossiles vont à l'encontre de l'objectif visé par la fiscalité de l'énergie consistant à augmenter (pour des raisons écologiques ou pour générer des recettes) les prix relatifs de l'énergie pour le consommateur final (OCDE, 2015b). Cette forme de non-neutralité, quand elle est rapportée par les États, constitue un « soutien » au sens de l'Inventaire.

Le cas particulier des dépenses fiscales relatives à l'extraction de combustibles fossiles

Les industries qui extraient des hydrocarbures et des ressources minérales se distinguent de toutes les autres activités économiques du fait que l'élément essentiel de leur production — la ressource qui se trouve dans le sous-sol — appartient généralement à l'État[10]. De plus, le volume exact des ressources et leur qualité sont souvent soumis à une grande incertitude, et leur valeur est fréquemment très tributaire du coût de production dans le lieu où elles se trouvent. À l'instar de la production d'autres ressources non renouvelables, celle de combustibles fossiles pourrait générer des bénéfices supérieurs à la normale sous forme de rente[11]. En conséquence, les États prélèvent généralement, en plus de l'impôt normal sur les sociétés dont l'assiette est constituée par les bénéfices tirés de l'extraction de la ressource, d'autres droits que l'on peut considérer comme un « prix de vente » de la ressource publique, et ce sous diverses formes : redevances, impôt supplémentaire sur les sociétés, taxes sur les ressources ou participations de l'État dans le cadre de contrats de partage de la production.

Dans le même temps, les dépenses fiscales de beaucoup de pays producteurs de combustibles fossiles visent l'extraction ou la production de combustibles fossiles et leur transformation en produits de consommation intermédiaire et finale. Ces dépenses fiscales constituent généralement une réponse aux préoccupations suscitées par le risque et l'incertitude, la sécurité énergétique, l'intensité capitalistique, les mises de fonds initiales élevées et les longs délais d'exécution des projets, notamment avant la production. Comme ces dépenses fiscales font baisser les coûts de l'extraction, elles sont souvent l'enjeu d'une concurrence entre juridictions soucieuses d'attirer les sociétés minières afin qu'elles investissent et que les ressources ne demeurent pas inexploitées.

Dans ce domaine, les dépenses fiscales passent couramment par le régime d'imposition des sociétés, et peuvent viser les combustibles fossiles ou les activités extractives en général. Elles sont définies dans le code des impôts, et comprennent notamment les amortissements accélérés des dépenses en capital, les crédits d'impôt pour investissement, des abattements supplémentaires au titre des dépenses d'exploration et de développement, et le traitement préférentiel des plus-values de certains gisements. Les dépenses fiscales relatives à la production peuvent aussi revêtir des formes moins visibles, par exemple le traitement spécial des recettes des entreprises publiques, des allégements fiscaux au titre des recettes générées par des fonds de réserve des entreprises (par exemple pour la remise en état des sites), des obligations exonérées d'impôt ou des déductions pour impôts payés à l'étranger applicables à ce que l'on peut tenir pour des paiements de redevances.

Les systèmes de redevances, les taxes sur la rente des ressources et d'autres instruments fiscaux spécialisés qui s'appliquent dans le domaine de l'extraction des ressources présentent aussi parfois des caractéristiques pouvant s'apparenter à des dépenses fiscales, bien qu'il faille les replacer dans le contexte du régime fiscal dont elles relèvent. C'est le cas, en particulier, des mesures liées au traitement fiscal des dépenses d'investissement et des coûts de financement engagés par les producteurs de combustibles fossiles, qui peuvent ou non constituer des dépenses fiscales selon la nature plus générale de la fiscalité du pays en matière d'extraction des ressources. Une disposition qui, comme la taxe australienne sur la rente des ressources pétrolières, autorise la déduction immédiate des dépenses d'exploration couronnées de succès (pour amortissement) dans l'année où elles ont été engagées peut être considérée comme étant une pratique normale (c'est-à-dire la référence) dans le cadre d'un système d'imposition des flux de trésorerie des sociétés. En revanche, bien que la même sorte de disposition s'applique au niveau fédéral aux États-Unis aux producteurs indépendants de pétrole et de gaz, elle est considérée comme une dépense fiscale dans ce pays parce que les autorités fédérales taxent l'extraction des ressources en appliquant une méthode d'imputation classique, qui capitalise et amortit sur toute la vie utile de l'actif considéré (comme, par exemple, un puits) les dépenses engagées par suite d'activités d'exploration couronnées de succès.

Des questions similaires se posent dans le cadre des systèmes de redevances sur les ressources. Des taux plus bas de redevances pourraient, dans le cas de champs moins productifs ou plus coûteux, être considérés comme des dépenses fiscales dans la mesure où ils représentent une concession par rapport aux taux normalement applicables. Ces mêmes taux réduits peuvent cependant être aussi une manière détournée de prendre en compte des coûts plus élevés et des marges plus faibles dans certains systèmes fiscaux qui autrement surtaxeraient des projets dits marginaux (c'est-à-dire des projets ne générant que peu ou pas de rente économique), les rendant ainsi potentiellement non rentables. Dans un système fiscal conçu pour capturer la rente des ressources, des écarts par rapport au taux dits « de base » peuvent ainsi être la norme. L'approche de l'Inventaire est d'inclure ces réductions de redevances (équivalentes à des dépenses fiscales) quand elles sont mentionnées par les gouvernements, en accord avec le but déclaré de souligner les cas où un traitement plus favorable s'applique à un secteur ou à un groupe. De même qu'avec les allégements de droits d'accise ou de taxe carbone, le soutien dispensé au travers de réductions d'impôts ou de redevances sur l'extraction de ressources doit être considéré dans le cadre plus large du système fiscal dont il fait partie (encadré 2.5).

En règle générale, les dépenses fiscales en faveur de la production de combustibles fossiles ont pour effet d'abaisser le coût de l'extraction ainsi que d'inciter à investir davantage (puisque nombre de ces mesures se rapportent au capital) et peut-être à accroître la production. Comme on l'a signalé dans le premier chapitre, ce serait le plus souvent au prix d'un ralentissement de la production économique dans d'autres secteurs de l'économie causé par la réorientation de l'investissement, ce qui risquerait ensuite d'affecter la rentabilité des entreprises et les prix des combustibles commercialisés (en fonction, entre autres facteurs, du rôle plus ou moins important du marché international dans la fixation de ces prix). Pour les entreprises affichant une faible rentabilité, ces mécanismes peuvent non seulement faire augmenter marginalement la production, mais aussi influencer leur décision de poursuivre ou de cesser totalement leur activité. Dans d'autres contextes, par exemple si la production est limitée (par des facteurs tels que des restrictions réglementaires ou des contraintes pesant sur la main-d'œuvre ou les matières), les avantages fiscaux peuvent simplement renforcer la rentabilité de l'entreprise ou contribuer à l'inflation des coûts des facteurs.

Encadré 2.5. Les dépenses fiscales relatives à l'extraction de ressources et l'importance de l'ensemble du régime fiscal

La déduction immédiate des dépenses de nature capitalistique — dont font partie les dépenses d'exploration et de développement — est normalement assimilée à un traitement fiscal préférentiel que pratiquent bon nombre de pays. En effet, dans la plupart des systèmes d'imposition des revenus, quand on calcule les bénéfices imposables, les dépenses en capital sont amorties sur la période pendant laquelle elles contribuent aux bénéfices : permettre de déduire ce type de dépense intégralement dans l'année où la dépense est engagée équivaut donc à accorder aux entreprises un avantage semblable à l'octroi par l'État d'un prêt à taux zéro, puisque cela reporte le recouvrement de l'impôt. Un calcul de la valeur actuelle ferait par conséquent ressortir un transfert positif de l'État vers les entreprises bénéficiant de ces dispositions.

Cependant, s'il est assorti d'une disposition empêchant de déduire le coût des intérêts et d'autres charges financières du revenu imposable, l'amortissement immédiat des dépenses d'exploration et de développement peut ne pas constituer forcément un traitement fiscal préférentiel (ou un écart par rapport à une taxation considérée comme « normale »). Cela tient au fait que cette configuration fiscale particulière est proche de celle que l'on désigne par l'expression « imposition des flux de trésorerie ». Lorsque les flux de trésorerie sont taxés, c'est le flux de trésorerie de l'entreprise et non son véritable bénéfice économique qui représente l'assiette d'imposition de sorte que, la déduction immédiate des dépenses d'investissement étant autorisée, les intérêts ou l'amortissement ne pourront pas être déduits par la suite (Boadway et Bruce, 1984). En théorie, les systèmes d'imposition des flux de trésorerie sont équivalents aux méthodes d'imputation plus courantes, dès lors que l'objectif est de prélever un impôt ayant un impact neutre sur les entreprises. C'est la raison pour laquelle des mesures comme la déduction immédiate des dépenses d'exploration et de développement ne sont peut-être pas nécessairement des dépenses fiscales dans les pays qui ont adopté la méthode des flux de trésorerie pour taxer l'extraction des ressources.

Mesure et interprétation des dépenses fiscales

À la différence des dépenses budgétaires directes, généralement faciles à mesurer, les dépenses fiscales sont des estimations de recettes sacrifiées par suite d'une particularité du régime fiscal qui réduit l'impôt ou en diffère le prélèvement, par rapport à un système fiscal pris pour référence. C'est pourquoi un certain nombre de mises en garde importantes sont nécessaires, concernant aussi bien l'interprétation que la comparabilité des estimations officielles des dépenses fiscales. Il est ainsi recommandé d'aborder avec prudence à la fois : (i) ce qui constitue une dépense fiscale et (ii) comment il convient de la mesurer. La suite de cette section analyse plusieurs de ces mises en garde.

Définir une référence dans le contexte général des régimes fiscaux nationaux

Pour caractériser ou évaluer des dépenses fiscales, il est crucial de définir le régime fiscal type ou de référence en regard duquel jauger la nature et l'ampleur d'un avantage quel qu'il soit. Les données sur les dépenses fiscales présentées dans l'Inventaire tiennent compte des estimations calculées par les administrations nationales et infranationales elles-mêmes, et représentent de ce fait la référence par rapport à laquelle ces administrations choisissent de procéder à ces comparaisons. À l'exception de très rares cas concernant essentiellement les droits d'accise ou la TVA, l'OCDE n'a pas choisi les références fiscales utilisées pour calculer les dépenses fiscales. Plusieurs démarches sont possibles pour décider du régime de référence, et elles diffèrent selon les pays :

- De nombreux pays fondent leurs estimations des dépenses fiscales sur une appréciation théorique de ce qui constitue une taxation « normale » du revenu et de la consommation. La référence est le plus souvent définie de manière à prendre en compte les caractéristiques structurelles du système fiscal, et l'on peut considérer que les caractéristiques spéciales visant des objectifs étrangers à la fonction fondamentale de l'impôt (générer des recettes ou internaliser des externalités) sont des écarts par rapport à la norme. Toutefois, entre ce qui est structurel et ce qui est spécial, la distinction est souvent floue.
- Certains pays se réfèrent à la loi et ne recensent que les avantages fiscaux qui figurent comme tels dans les textes législatifs. Selon ce critère, un crédit d'impôt serait probablement considéré comme une dépense fiscale, alors que l'application de taux d'imposition différents à deux produits d'une même catégorie ne le serait peut-être pas.
- Quelques pays ne produisent comme estimations de dépenses fiscales que celles des allégements fiscaux (par exemple les crédits remboursables d'impôt sur le revenu) qui s'apparentent incontestablement à des dépenses publiques.

Une autre approche consiste à prendre pour référence un régime fiscal « optimal », et non le régime en vigueur ou normal. Elle revêt un intérêt particulier si l'on étudie les dépenses fiscales liées aux combustibles fossiles, compte tenu de l'existence de coûts externes ou externalités négatives — les coûts imposés à autrui, dans la société, par une action privée. La prise en considération des coûts externes peut modifier considérablement la problématique du niveau de référence à l'aune duquel mesurer les dépenses fiscales. Réduire les émissions atmosphériques de polluants nocifs est l'une des raisons importantes pour lesquelles les pays mettent en place des taxes liées à l'environnement, encore que d'autres coûts externes, imposés notamment par la congestion automobile ou la pollution acoustique, incitent parfois aussi à en appliquer (et s'ajoutent à la nécessité de générer des recettes pour financer l'action publique). Les droits d'accise attribuent un prix aux atteintes à l'environnement, ce qui encourage à maintenir les émissions à un niveau optimal pour la collectivité. Cette approche permet de prélever ce type de taxes parallèlement à celles qui sont normalement nécessaires pour dégager des recettes générales.

Les taxes sont des outils que beaucoup considèrent puissants pour attacher un prix aux coûts externes, mais la recherche d'une fiscalité optimale[12] est de fait complexe. Au-delà des questions essentiellement normatives comme la définition des recettes nécessaires, les pays devraient procéder à une analyse approfondie pour définir les taux optimaux d'imposition, qui seraient très variables au fil du temps et selon les consommateurs, la localisation géographique et le type de combustible. Pour ces raisons, les coûts externes ne sont pas souvent pris en compte dans la définition des niveaux de référence des dépenses fiscales. Le FMI a néanmoins estimé récemment le niveau de taxation qui devrait être appliqué pour internaliser une partie des coûts externes liés à la consommation de combustibles fossiles, en s'intéressant particulièrement aux émissions de CO_2, à la pollution atmosphérique locale (SO_2, NO_X et particules PM 2.5), ainsi qu'aux externalités liées à la circulation routière, comme la congestion et les accidents (Parry et al., 2014). En tablant sur un certain nombre d'hypothèses (par exemple 35 USD par tonne pour le coût social du carbone), son étude conclut que la congestion, les accidents de la circulation et l'usure des routes sont à l'origine de la majeure partie des coûts externes estimés par le FMI, soit plus de 70 % des coûts non couverts par les taxes appliquées pour y remédier, dans plusieurs pays de l'UE (notamment la Belgique, la France, Malte et la Suède) et d'autres économies comme le Bhoutan, le Cap-Vert, la Nouvelle-Zélande, la Syrie et la Turquie. Les droits d'accise sur les carburants représentent tout au plus un moyen indirect de réduire la congestion, dans la mesure où celle-ci est un phénomène davantage lié au moment de la journée et au lieu où la circulation automobile intervient qu'au fait même de consommer un carburant liquide ou de l'électricité dans un véhicule. Ainsi, d'autres moyens que la fiscalité des carburants sont peut-être plus adaptés pour internaliser certains coûts externes qui ne sont que vaguement liés à la quantité de carburant consommée.

Quelle que soit la référence en fin de compte choisie pour mesurer les dépenses fiscales, il importe d'examiner l'ensemble du système fiscal. En effet, les systèmes fiscaux de la plupart des pays ne sont pas théoriquement purs : ils comportent parfois des éléments qui semblent favoriser les combustibles fossiles mais qui s'avèrent en réalité être des mécanismes destinés à compenser ou corriger d'autres caractéristiques du régime fiscal. De même, un élément du système qui peut être considéré comme une dépense fiscale dans un pays peut ne pas l'être dans un autre parce que l'architecture de la fiscalité des combustibles fossiles est différente. Ce problème, déjà évoqué dans l'encadré 2.5 dans le contexte de l'extraction des ressources naturelles, se pose également dans le cas de la consommation de carburants. La pré-affectation de recettes fiscales pour financer des dépenses publiques spécifiques — la taxe devenant alors une sorte de redevance d'usage — est une mesure qui soulève des difficultés tout aussi complexes, du moins tant que les recettes pré-affectées couvrent les dépenses envisagées. D'autres complications peuvent apparaître lorsque des pays autorisent certaines réductions de taxes sur des combustibles fossiles utilisés dans des processus de production et que le niveau de ces allégements tient compte de l'exposition d'une industrie à la concurrence internationale ou de la mise en œuvre d'autres instruments d'action pour réduire les émissions (comme cela s'est produit avec certaines taxes carbone et certains systèmes d'échange de droits d'émission).

Calcul des dépenses fiscales

Une référence clairement établie n'empêche pas que les pays recourent à des méthodes différentes pour estimer leurs dépenses fiscales. La méthode la plus simple, celle du *manque à gagner fiscal*, consiste à multiplier le taux de l'avantage fiscal par l'assiette de l'impôt ou le nombre de contribuables assujettis sans tenir compte des éventuels changements de comportement induits par la variation du taux d'imposition. Par exemple, un allégement fiscal accordé pour le gazole consommé par les taxis ramenant la taxe de son taux normal de 0.45 EUR à 0.25 EUR par litre se solderait par une dépense fiscale annuelle de 180 millions EUR pour une consommation de carburant des taxis de 900 millions de litres par an. La plupart des pays estiment ainsi leurs dépenses fiscales car les autres méthodes exigent des données plus nombreuses et des calculs plus complexes[13]. Comme l'Inventaire utilise des estimations des dépenses fiscales produites par les pays, les données qui y figurent ont généralement été calculées selon la méthode du manque à gagner fiscal.

Les dispositions qui reportent le paiement de l'impôt sans modifier son montant nominal final sont elles aussi à l'origine de différences d'évaluation des dépenses fiscales. L'amortissement accéléré des investissements en est un exemple fréquent. En permettant de déduire plus rapidement que dans le système de référence le coût des actifs immobilisés, ces dispositions se traduisent par des déductions plus importantes et des taxes plus faibles dans les premières années de vie de l'immobilisation, mais les déductions diminuent et les impôts augmentent ensuite dans les années ultérieures. La dépense fiscale qui en découle peut être estimée, pour l'essentiel, de deux façons. Par la méthode des *flux de trésorerie nominaux,* on peut évaluer dans quelle mesure les taxes augmentent ou baissent dans une année donnée sous l'effet de l'amortissement accéléré. Normalement, ce chiffre est négatif les premières années suivant l'investissement (ce qui dénote une dépense fiscale positive) et augmente les années ultérieures. Par ailleurs, la méthode de la *valeur actuelle* consiste à mesurer la valeur actualisée de la série temporelle de dépenses fiscales annuelles au titre des flux de trésorerie, normalement estimée à partir de la date d'acquisition de l'actif. Ces deux méthodes apportent des informations utiles, mais elles sont très différentes et donnent des résultats qui ne sont pas directement comparables.

En général, les administrations des pays appliquent la méthode des flux de trésorerie pour estimer les dépenses fiscales liées aux reports d'impôts, et quelques-unes complètent ces estimations par des calculs effectués à titre d'exemples en se fondant sur d'autres hypothèses et méthodes. C'est le cas des estimations communiquées chaque année par l'OMB aux États-Unis, qui indiquent, en flux et en valeur actuelle, la valeur annuelle des dépenses fiscales relatives aux reports d'impôts (OMB, 2015). Cela dit, quelle que soit la méthode d'évaluation utilisée, les pays calculent généralement la valeur de chaque dépense fiscale en supposant que toutes les autres dispositions demeurent inchangées. En raison des interactions et des changements de comportement induits, l'impact de la suppression de plusieurs dispositions sur les recettes n'est pas nécessairement égal à la somme des valeurs obtenues pour chacune d'elles, aussi faut-il user de prudence en cas d'addition d'estimations concernant plusieurs mesures.

Comparabilité internationale

La comptabilisation des dépenses fiscales n'a pas été conçue en ayant à l'esprit la possibilité de les comparer au niveau international. Les estimations figurant dans l'Inventaire procurent des renseignements utiles sur le traitement relatif des différents produits dans les systèmes fiscaux nationaux et sur les incitations économiques que ces derniers comportent, mais en l'absence de référence commune, les estimations des dépenses fiscales des différents pays ne sont pas directement comparables. Même lorsque les pays adoptent en gros la même démarche méthodologique, il se peut que leur façon de l'appliquer diffère pour tenir compte de questions pratiques telles que, par exemple, celle de savoir jusqu'à quel point il convient de considérer qu'un allégement d'impôt constitue un élément structurel du régime fiscal (notamment les amortissements autorisés dans le calcul des bénéfices imposables). En règle générale, les différences de définition du système fiscal de référence d'un pays à l'autre représentent une limite fondamentale à la comparabilité. C'est pourquoi une simple comparaison internationale des dépenses fiscales peut donner une image trompeuse du traitement relatif des divers carburants ou combustibles fossiles. Le graphique 1.4 du chapitre 1 révélait déjà, par exemple, que les taux effectifs moyens de taxation de la consommation d'énergie sont très variables d'un pays à l'autre : ces écarts ont une grande influence sur toutes les dépenses fiscales relatives à la consommation de ces carburants ou combustibles (OCDE, 2015b).

Il faut donc utiliser avec prudence les estimations des dépenses fiscales : si un pays en indique de plus élevées au titre des combustibles fossiles, cela ne signifie pas toujours qu'il octroie concrètement davantage de soutien à ces combustibles. Des dépenses fiscales plus importantes peuvent également venir des facteurs suivants, entre autres :

- le choix de taux d'imposition de référence plus élevés à l'aune desquels mesurer les dépenses fiscales ;
- une définition plus rigoureuse du système fiscal de référence, qualifiant de dépenses fiscales un plus grand nombre de dispositions ; ou
- une plus grande exhaustivité dans la comptabilisation des dépenses fiscales.

Ainsi, les dépenses fiscales plus élevées indiquées pour certains pays peuvent refléter soit une fiscalité plus lourde, soit une plus grande transparence dans la communication des données, plutôt que l'octroi d'un « soutien » plus généreux.

Étant donné que les pays communiquent des dépenses fiscales plus ou moins détaillées, l'OCDE encourage tous les gouvernements à faire preuve d'ouverture et de transparence dans la notification des dispositions fiscales susceptibles d'inciter à produire ou à consommer des combustibles fossiles. La transparence facilitera la poursuite de l'analyse et du dialogue concernant l'influence des politiques publiques, notamment fiscales, sur la production et la consommation de ces combustibles. La Commission européenne (2014b) fait déjà œuvre de pionnier à cet égard afin que les États membres de l'UE expriment sur les mêmes bases les dépenses fiscales relatives aux combustibles fossiles, et il faudrait multiplier les travaux dans ce domaine.

Notes

1. « Chine » dans la suite du document.
2. Il n'en existe que quelques cas dans la base de données.
3. Le tableau A.1 de l'annexe présente les différents combustibles fossiles que la classification recouvre ainsi que leurs codes respectifs figurant dans la base de données en ligne.
4. Le système d'indicateurs ESP-ESC qui sert à mesurer le soutien à des secteurs particuliers est employé par l'OCDE depuis longtemps pour évaluer le soutien apporté aux secteurs de l'agriculture et de la pêche (respectivement, depuis le milieu des années 80 et depuis la fin des années 90). Des précisions sur ce cadre et son application aux fins du suivi et de l'évaluation des politiques agricoles sont disponibles dans OCDE (2010b).
5. Dans la pratique, cela implique que l'inventaire se cantonne essentiellement, pour l'heure, aux mesures situées dans les deux premières rangées de cellules du tableau A.4 de l'annexe, en y ajoutant certains éléments de la troisième et de la quatrième rangée (par exemple réduction des redevances et stocks régulateurs gérés par l'État).
6. Bien que le Chili figure parmi les rares pays qui appliquent des droits de douane positifs sur les importations de combustibles fossiles, cela vient du fait que le pays prélève uniformément un seul droit NPF (6 %) sur toutes les importations, et non parce qu'il cherche expressément à favoriser les producteurs chiliens de combustibles fossiles grâce à des prix plus élevés. Le Chili étant partie à de nombreux accords commerciaux préférentiels, le droit de douane moyen effectivement appliqué par lui aux combustibles fossiles est vraisemblablement presque nul.
7. L'article 1 de l'Accord sur les subventions et les mesures compensatoires (SMC) de l'OMC prévoit, dans sa définition d'une « subvention », des cas dans lesquels « des recettes publiques normalement exigibles sont abandonnées ou ne sont pas perçues ». De même, la Commission européenne, dans son tableau de bord des aides d'État, prend en considération des mesures comme les crédits d'impôt et autres mesures fiscales procurant un avantage indépendamment du fait que le contribuable soit imposable ou pas ; les abattements, exonérations et allégements de taux dont le contribuable peuvent bénéficier à condition d'être imposable ; et les modes d'imposition différée (provisions, amortissement libre ou accéléré, etc.). Voir http://ec.europa.eu/competition/state_aid/scoreboard/conceptual_remarks_en.html par exemple (consulté le 8 avril 2015).
8. À ce propos, il faut tenir compte du système fiscal dans son ensemble car certains pays (par exemple la Nouvelle-Zélande) ont choisi d'appliquer aux véhicules diesel des redevances routières kilométriques au lieu de taxer directement les achats de carburant. Il ne va pas de soi de décider de ce qui constitue une taxation « appropriée » ou « normale » du gazole, mais selon une publication récente de l'OCDE, le taux de référence pour ce carburant devrait être au moins égal à celui de l'essence (Harding, 2014).
9. C'est la conséquence d'un accord international qui date de décembre 1944 : la Convention relative à l'Aviation civile internationale (également appelée « Convention de Chicago »). Cette exonération fiscale générale a été mise en place pour prévenir les distorsions des marchés de l'aviation entre pays, dues par exemple à une double imposition du carburant, et pour éviter des comportements d'évasion fiscale contraires à l'efficience, notamment les modifications de routes aériennes dans le but de réduire les charges fiscales. D'autres accords exemptent aussi de taxes les carburants utilisés dans les transports internationaux par rail ou par eau. Pour cette raison principalement, l'Inventaire ne comptabilise pas en tant que « soutien » les exonérations de taxes sur les carburants dans les transports aérien ou maritime

internationaux ; en revanche, les dispositions qui exonèrent les carburants consommés dans l'aviation et la navigation intérieures y figurent bien.

10 Les règles qui régissent la propriété des ressources souterraines aux États-Unis ne sont pas les mêmes que dans la plupart des autres pays car les propriétaires privés des terres non fédérales possèdent également des droits miniers sur les ressources présentes dans le sous-sol. Dans les autres pays producteurs de combustibles fossiles, par contre, ces ressources relèvent généralement du domaine public, indépendamment du fait que les terres en surface soient privées ou non.

11. Contrairement aux coûts de production dans le secteur manufacturier, dans les activités extractives, ces coûts sont tributaires de la situation géographique et des caractéristiques géologiques des ressources extraites. Étant donné que les prix du marché sont volatils et déterminés par le producteur marginal (généralement le producteur aux coûts les plus élevés qui approvisionne le marché à un moment donné), le fonctionnement normal du marché peut donner lieu à des bénéfices beaucoup plus importants (c'est-à-dire des superbénéfices ou bénéfices supérieurs à la normale) que le minimum qui aurait justifié l'investissement dans un puits ou une mine.

12. Dans une fiscalité optimale, le niveau de taxation intègre toutes les externalités, les effets d'efficience, la nécessité de collecter des recettes publiques et les interactions des effets pris en compte avec l'ensemble de l'économie.

13. La méthode du supplément de recettes consiste à estimer l'augmentation de recettes fiscales prévisible en cas de suppression d'une dépense fiscale, en tenant compte des changements de comportement à en attendre. Si l'on reprend le même exemple, la dépense fiscale ainsi calculée serait égale à l'écart de taux d'imposition — également 0.20 EUR — multiplié par la consommation prévue de gazole des taxis : la consommation serait alors inférieure à 900 millions de litres dans la mesure où le relèvement du taux de la taxe ferait baisser la consommation de gazole et augmenter celle d'essence. La méthode des dépenses équivalentes consiste elle à estimer les ressources financières nécessaires pour obtenir le même résultat en mettant en œuvre un programme impliquant des dépenses directes. Dans ce même exemple, elle permettrait d'estimer le volume de paiements directs qu'il faudrait verser aux chauffeurs de taxi pour que leur revenu ne diminue pas à la suite de la suppression de la dépense fiscale en question.

Chapitre 3

Le suivi des progrès de la réforme du soutien aux combustibles fossiles

Ce dernier chapitre utilise les données rassemblées pour l'édition de 2015 de l'Inventaire afin d'en déduire quelques résultats et indicateurs concernant l'ampleur et la nature du soutien aux combustibles fossiles dans les pays de l'OCDE et les économies partenaires retenues. La première section aborde les tendances générales du soutien dans son ensemble et établit le rapport entre l'évolution observée et les récents changements et réformes des politiques. La deuxième s'intéresse aux caractéristiques des différentes mesures de soutien afin de mieux comprendre comment le soutien est dispensé aux producteurs et aux consommateurs. La troisième section met en perspective le soutien accordé aux consommateurs, en l'évaluant dans le contexte plus général de la fiscalité de l'énergie dans les différents pays. Pour finir, la quatrième section conclue en incitant les responsables politiques à poursuivre les efforts déployés à ce jour pour réformer les mesures de soutien aux combustibles fossiles.

Les données statistiques concernant Israël sont fournies par et sous la responsabilité des autorités israéliennes compétentes. L'utilisation de ces données par l'OCDE est sans préjudice du statut des hauteurs du Golan, de Jérusalem-Est et des colonies de peuplement israéliennes en Cisjordanie aux termes du droit international.

3.1. Un premier regard sur les données

Les efforts de réforme récents portent leurs fruits

Prises ensemble, les mesures figurant dans l'Inventaire, qui sont près de 800, représentaient au total une valeur de 160-200 milliards USD par an au cours de la période 2010-14. Ce montant comprend le soutien accordé par les pays de l'OCDE et celui qu'octroient certaines économies partenaires (Brésil, République populaire de Chine[1], Inde, Indonésie, Fédération de Russie et Afrique du Sud). Par rapport à la précédente édition de l'Inventaire (OCDE, 2013b), qui concernait uniquement les pays de l'OCDE, l'importance du soutien semble s'orienter à la baisse après avoir atteint des sommets à deux reprises, en 2008 et 2011-12. Bien que la diminution soit plus prononcée dans les pays de l'OCDE, on observe aussi une baisse tendancielle similaire dans les économies partenaires, où le soutien total affiche des signes de recul évidents depuis 2012 (graphique 3.1). Dans les deux cas, la baisse du soutien total est une conséquence de la chute des cours internationaux du pétrole, mais s'explique aussi par des changements importants intervenus dans les politiques publiques, témoignant de l'intention de bon nombre de gouvernements de renoncer à d'anciennes pratiques et de se tourner vers des modèles de croissance plus durables, tant du point de vue des finances publiques que sur le plan écologique.

La baisse des montants de soutien octroyés par les pays de l'OCDE est à attribuer pour une part non négligeable au Mexique, pays qui a éliminé le soutien qu'il accordait à la consommation d'essence et de gazole en appliquant un droit d'accise flottant appelé IEPS (*Impuesto Especial sobre Producción y Servicios por Enajenación de Gasolinas y Diesel,* impôt spécial sur la production et les services au titre de la vente d'essences et de gazole). Les taux variables de l'IEPS sont fixés par le gouvernement en fonction des prix pétroliers internationaux pour les deux marques d'essence commercialisées dans le pays, « Magna » et « Premium », ainsi que pour le gazole. Lorsque les cours internationaux du pétrole sont élevés, les taux de l'IEPS deviennent négatifs, ce qui entraîne une dépense fiscale. En revanche, lorsque les cours internationaux s'affaiblissent, ils déclenchent une hausse des taux variables de l'IEPS, d'où une réduction de la dépense fiscale (ou une taxe positive comme c'est désormais le cas). Chaque mois ces dernières années, le gouvernement fédéral a régulièrement relevé les prix de détail afin de réduire le soutien accordé aux consommateurs (graphique 3.2). Conjugués au fléchissement des prix internationaux, ces efforts ont contribué à ramener de 244 milliards MXN (18.5 milliards USD) en 2012 à 34 milliards MXN (2.5 milliards USD) en 2014 le montant total du soutien octroyé aux consommateurs au Mexique. Depuis la fin 2014, les taux de l'IEPS se sont avérés positifs si bien que ceux-ci devraient générer des recettes de l'ordre de 1% du PIB en 2015.

Dans les économies partenaires, la majeure partie du recul observé entre les années 2012 et 2014 est le fruit des efforts décisifs déployés par l'Inde pour maîtriser les dépenses en subventions à la consommation de gazole. À partir de la fin 2012, le gouvernement fédéral a ainsi décidé d'augmenter légèrement les prix de détail à intervalles réguliers (d'environ 0.50 INR chaque mois, soit 0.008 USD), ce qui a abouti à la cessation du subventionnement du gazole en septembre 2014. L'impact de cette réforme sur les finances publiques a été considérable : le soutien total à la consommation de produits pétroliers est tombé de quelque 970 milliards INR (18 milliards USD) en 2012 à 610 milliards INR (10 milliards USD) en 2014. Même si le kérosène et le GPL restent largement subventionnés, cette action a marqué un pas très important dans la bonne direction.

Le Mexique et l'Inde ne sont toutefois pas des cas isolés. Au premier trimestre de 2015, l'administration centrale de l'Indonésie a pris des mesures décisives et, dans son budget révisé pour l'année, a supprimé toutes les subventions à l'essence, tout en plafonnant à 1 000 IDR par litre les subventions applicables au gazole (environ 0.08 USD par litre). Cette initiative sans précédent réduira le coût total des subventions à la consommation de carburants pétroliers en Indonésie, lequel passera de 247 000 milliards IDR en 2014 à 65 000 milliards IDR en 2015, soit une baisse de près de 14 milliards USD en une seule année.

Graphique 3.1. Dans l'ensemble le soutien aux combustibles fossiles reste élevé, à 160 milliards USD, malgré des signes de déclin

Soutien total aux combustibles fossiles dans les pays de l'OCDE (gauche) et certaines économies partenaires (droite) par année et par type de combustible (Millions d'USD courants)

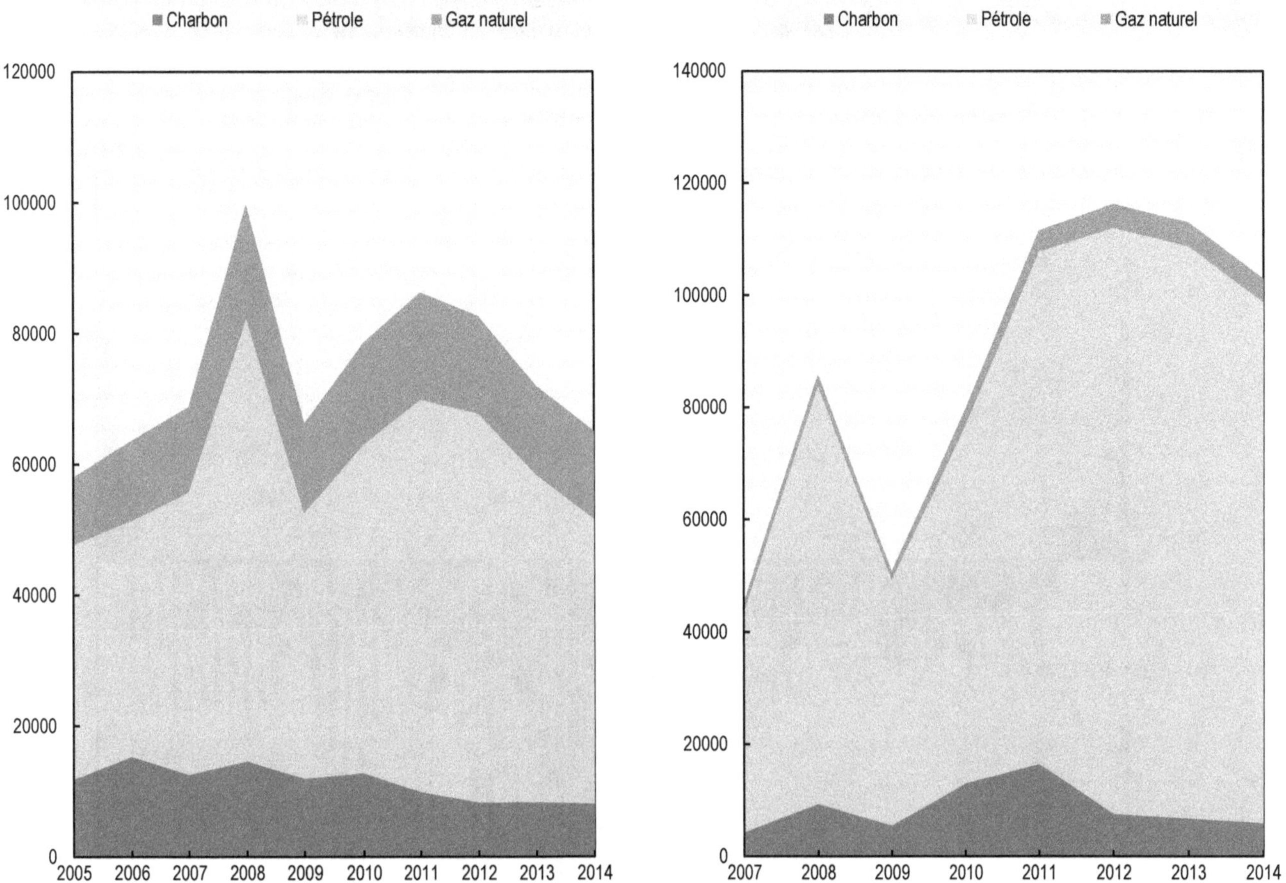

Note : Les graphiques ci-dessus sont basés sur la somme arithmétique des différentes mesures de soutien recensées dans l'Inventaire. Outre le soutien budgétaire direct, cette somme comprend la valeur des allégements fiscaux mesurés par rapport au traitement fiscal de référence de chaque juridiction. Les estimations ne prennent pas en compte les interactions qui pourraient se produire si plusieurs mesures venaient à être supprimées en même temps. Les estimations concernant les économies partenaires, parce qu'elles ne concernent que les coûts budgétaires et le manque à gagner fiscal, ne reflètent pas la totalité du soutien accordé sous la forme de prix intérieurs maintenus artificiellement bas. Il convient donc de comparer avec prudence ces estimations à celles indiquées par l'AIE (2014a) pour ces pays.

Bien que d'une ampleur moindre, des progrès sont également perceptibles dans un certain nombre de pays de l'OCDE. En janvier 2013, les Pays-Bas ont supprimé la réduction du droit d'accise qu'ils appliquaient précédemment au gazole utilisé hors transports (par exemple dans les activités agricoles ou pour le chauffage) parce que cet avantage fiscal était préjudiciable à l'environnement et coûteux à contrôler. L'Autriche et la République slovaque ont pris des mesures analogues respectivement en 2013 et 2011. Le Canada a réformé ces dernières années plusieurs dispositions fédérales relatives au traitement fiscal de certaines dépenses d'équipement utilisé dans l'extraction de sables bitumineux et de charbon pour rendre plus neutre le régime d'imposition des entreprises. L'Allemagne a continué de réduire les importants transferts budgétaires destinés chaque année aux mines de houille situées en Rhénanie-du-Nord-Westphalie, et ramené les paiements à 1.5 milliard EUR en 2014, contre quelque 4.8 milliards EUR en 1998. Elle prévoit d'abaisser progressivement ces transferts en vue de les supprimer complètement en 2018. La France a pris d'importantes mesures en 2014 pour cesser graduellement d'exonérer du paiement de l'accise le gaz naturel consommé par les ménages. Compte tenu de l'introduction, en 2014, d'une composante carbone progressive dans les taxes d'accise (appelée

« contribution climat-énergie »), cette dépense fiscale devrait prendre fin lorsque les taux de l'accise applicable aux achats de gaz naturel commenceront à augmenter parallèlement au prix du carbone.

Graphique 3.2. Le Mexique a éliminé le soutien qu'il accordait à la consommation d'essence et de gazole en appliquant un droit d'accise flottant

Évolution des taux de l'IEPS au Mexique entre 2009 et 2015
(MXN par litre représenté en barres ; USD par litre représenté en lignes)

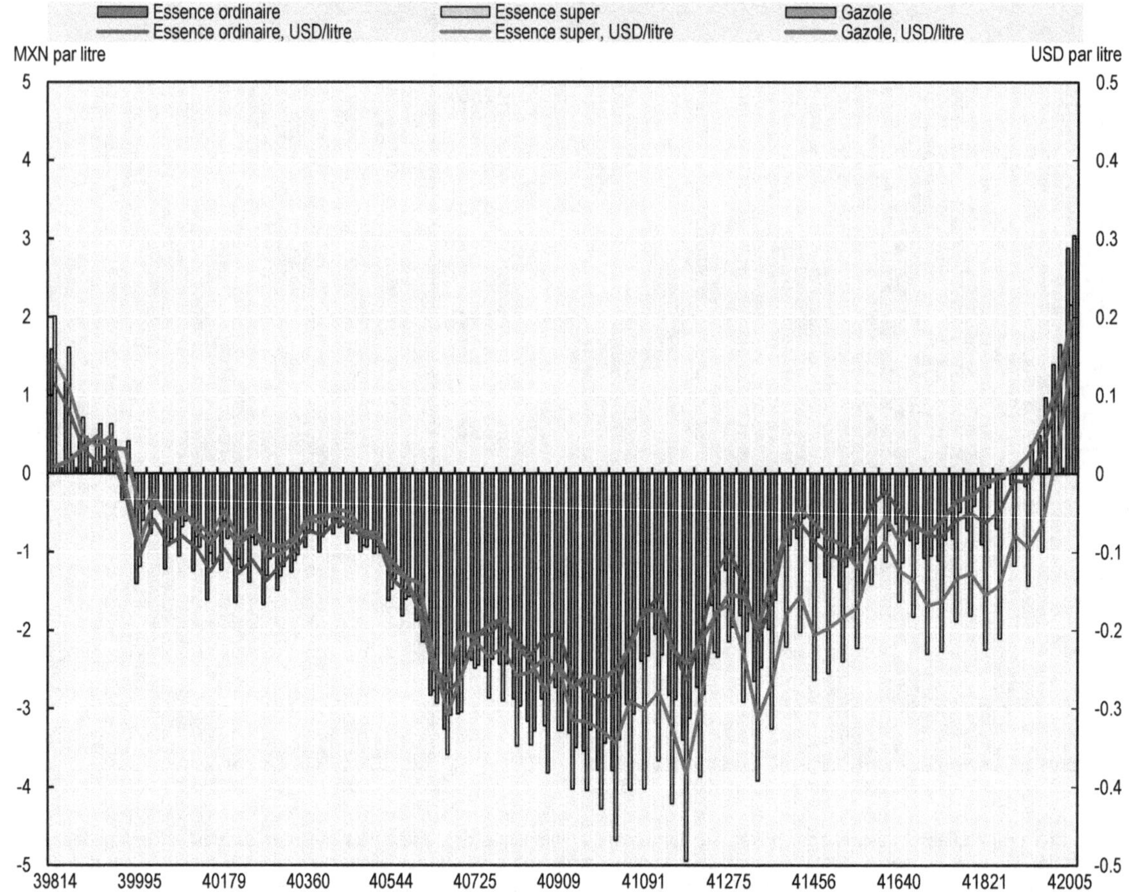

Source: Ministère des Finances et de la Dette publique, Gouvernement fédéral du Mexique, http://sie.energia.gob.mx/bdiController.do?action=cuadro&cvecua=PMXE2C18E.

Le soutien à la consommation de produits pétroliers représente encore la majeure partie du soutien total

Que ce soit dans les pays de l'OCDE ou dans les économies partenaires, le pétrole brut et les produits pétroliers absorbent à l'évidence la majeure partie du soutien, à savoir plus des quatre cinquièmes (82 %) du montant total accordé au cours de la période 2012-14. Par comparaison, le soutien dont bénéficient le charbon et le gaz naturel paraît beaucoup plus faible, puisqu'il représente respectivement environ 8 % et 10 % de la totalité du soutien consenti. Cela tient en partie au poids considérable des produits pétroliers dans les approvisionnements totaux en énergie primaire des pays, où des carburants et combustibles comme l'essence, le gazole ou le fioul prédominent dans le secteur des transports ainsi que dans certains segments des secteurs résidentiel et commercial. En outre, les carburants utilisés dans les transports sont plus lourdement taxés, en moyenne, que les autres sources d'énergie (OCDE, 2015b), ce qui peut donner lieu à des dépenses fiscales relativement plus importantes lorsque ces carburants bénéficient d'avantages fiscaux.

De même, les données font ressortir, parallèlement à la forte proportion du soutien total dont bénéficient les produits pétroliers, la prépondérance écrasante du soutien accordé aux consommateurs (plus de 80%)[2]. Certes, il n'y a guère lieu de s'en étonner lorsqu'il s'agit d'économies émergentes qui se caractérisent par l'octroi de très fortes subventions à la consommation, mais un complément d'explication s'impose dans le cas des pays de l'OCDE. Dans ces derniers, la prédominance du soutien aux consommateurs découle, dans une large mesure, du fait que beaucoup de grandes économies de l'OCDE n'extraient pas de combustibles fossiles à une échelle significative. C'est le cas, par exemple, en France, en Italie et en Suède, où les quantités de combustibles fossiles extraites sont très faibles et où la production intervient surtout dans le secteur de la transformation et du raffinage. En revanche, dans les pays qui en extraient en grandes quantités, le soutien aux producteurs pèse davantage que ne le laisseraient supposer les résultats globaux. Ainsi, le soutien aux producteurs (c'est-à-dire l'ESP), exprimé en pourcentage du soutien total, était en moyenne supérieur à 35 % au Canada (38%), en Allemagne (43%), en Fédération de Russie (78%) et aux États-Unis (42%) au cours de la période 2012-14.

3.2. Anatomie d'une mesure de soutien

Comment est généralement dispensé le soutien ?

Le panorama est légèrement différent quand on examine les différentes mesures et leurs caractéristiques, et non les montants accordés : les mesures axées sur les consommateurs représentent alors la moitié de l'ensemble des mesures recensées dans l'Inventaire, tandis que celles qui bénéficient aux producteurs et les mesures de soutien aux services d'intérêt général (mesurées par l'ESSG) correspondent respectivement à 37 % et 13 % de l'ensemble. Cela signifie qu'une mesure en faveur des consommateurs génère en moyenne un soutien plus élevé (en termes absolus) qu'une mesure de soutien aux producteurs ou aux services d'intérêt général. Ce résultat peut s'expliquer en partie parce que les niveaux d'imposition de référence utilisés pour calculer les dépenses fiscales consacrées aux carburants sont relativement élevés, tout comme il peut être dû aux très importantes subventions à la consommation observées dans un certain nombre d'économies partenaires.

En ce qui concerne l'incidence statutaire ou réglementaire[3], hors consommation (qui en toute logique est égale à la moitié de l'ensemble des mesures, puisque la consommation est la seule catégorie d'incidence pour les mesures couvertes par l'ESC), les résultats indiquent que les terres et les ressources naturelles ainsi que le capital représentent respectivement 18 % et 11 % de l'ensemble des mesures ; viennent ensuite la création de connaissances (6 %), le coût des consommations intermédiaires (5 %), le revenu des entreprises (3 %), les rendements de la production (3 %), et la main-d'œuvre (3 %). Cela n'est guère surprenant vu que l'extraction des ressources et la transformation de l'énergie sont le plus souvent des activités affichant une intensité capitalistique relativement forte. Si l'on y ajoute des informations sur le stade de la chaîne d'approvisionnement auquel les mesures s'appliquent (voir graphique 2.1), on constate que les mesures bénéficiant aux producteurs portent essentiellement sur l'extraction (42 % de l'ensemble des mesures), tandis que le transport et le stockage en vrac (4 %) ainsi que le raffinage et la transformation (4%) ne représentent qu'une faible proportion du nombre total de mesures.

L'Inventaire révèle une certaine inertie de l'action publique

La profusion d'informations contenues dans l'Inventaire met en évidence quelques tendances et des éléments communs aux mesures de soutien aux combustibles fossiles dans les pays de l'OCDE et les économies partenaires retenues. Par exemple, la plupart des mesures (environ les deux tiers) semblent avoir été adoptées avant l'an 2000, c'est-à-dire dans un contexte souvent très différent de la situation actuelle. Certaines mesures ont peut-être été prises à une époque où les responsables politiques ne considéraient pas le changement climatique comme un enjeu préoccupant. Le contexte économique et politique n'était peut-être pas le même non plus, avec, par exemple, une croissance économique ou une inflation plus fortes qu'aujourd'hui. Plusieurs mesures fédérales aux États-Unis remontent par exemple aux années 70 et 80[4], période pendant laquelle la sécurité énergétique était un sujet de préoccupation majeur, après les crises pétrolières des années 70. Il est intéressant de constater aussi que certaines mesures bénéficiant aux producteurs ont été mises en place précisément lorsque les prix internationaux du pétrole se sont effondrés, en 1986 : elles visaient donc peut-être, à ce moment-là, à soutenir la capacité de production intérieure.

Cette analyse laisse à penser, d'une façon générale, que les pays pourraient avoir besoin de réévaluer la pertinence de certaines mesures de soutien en tenant compte de la conjoncture actuelle. Environ 60 % de l'ensemble des mesures sont des dépenses fiscales, dont certaines découlent de dispositions fiscales en vigueur depuis longtemps et rarement remises en question dans le contexte national (par exemple, en France, les réductions de TVA et de droits d'accise sur l'essence vendue en Corse). D'autres initiatives, de plus courte durée, ont été adoptées pour réagir à la situation du moment (par exemple, au Canada, le programme en faveur des activités de forage lancé en 2009-10 par la province de l'Alberta, dénommé *Energy Industry Drilling Stimulus*). Quoi qu'il en soit, les décideurs publics souhaiteront peut-être réexaminer périodiquement les mesures de soutien mises en œuvre dans leur pays, car l'évolution de la situation peut rendre certaines dispositions obsolètes, ou inadaptées face aux défis du moment.

3.3. Le soutien à la consommation de combustibles fossiles dans le cadre plus général de la fiscalité de l'énergie

Comme le signale le chapitre 2, les estimations des dépenses fiscales sont soumises à un certain nombre d'hypothèses ou de réserves qui exercent une influence sur l'interprétation des montants concernés. L'Inventaire comporte certes de nombreuses mesures autres que les dépenses fiscales, mais l'existence même de ces dernières suffit pour rendre difficiles les comparaisons internationales directes, ce qui restreint beaucoup le type d'analyse possible avec les données que la base en ligne contient. L'un des aspects cruciaux à cet égard concerne les écarts de taux d'imposition d'un pays à l'autre puisque, toutes choses égales par ailleurs, des taux plus élevés alourdissent les dépenses fiscales. Un autre est lié au périmètre de ce que les pays considèrent comme des dépenses fiscales. On peut s'attendre que ces facteurs, conjugués à la taille de l'économie (mesurée par exemple à l'aune du PIB des pays), influent sur les montants totaux de soutien que les différents pays accordent.

Pour intégrer cette possibilité, l'analyse exprime le soutien total aux consommateurs (autrement dit, l'ESC total par pays) en le rapportant à la composante énergie des recettes fiscales que les pays perçoivent en prélevant des taxes liées à l'environnement[5]. Ces recettes, utilisées comme facteur d'échelle, devraient permettre de rendre compte à la fois de la taille des pays (les plus grands pays perçoivent des recettes plus importantes, toutes choses égales par ailleurs) et de leur attitude générale à l'égard de la fiscalité de l'énergie (des taxes plus élevées produisent en général davantage de recettes). D'autres ajustements sont ensuite opérés pour améliorer la comparabilité des mesures, par exemple en supprimant l'avantage fiscal en faveur du gazole routier, là où l'on considère cet avantage comme une dépense fiscale. Faute de procéder à ces ajustements, l'importance du soutien aux consommateurs serait exagérée dans les pays qui traitent cet écart d'impôt comme une dépense fiscale (Danemark, Finlande, Norvège et Suède), ce qui nuirait à la transparence de l'information sur ce type de dépense[6]. Le graphique 3.3 présente les résultats ainsi obtenus.

Les taux d'imposition ne seraient apparemment que l'un des nombreux facteurs qui déterminent le soutien aux consommateurs exprimé en termes relatifs. Il n'est pas surprenant que les données révèlent, à propos de ce soutien rapporté aux recettes fiscales provenant de taxes liées à l'environnement, qu'il est généralement plus important dans les économies partenaires que dans les pays de l'OCDE. Cela découle notamment du fait que les économies partenaires recourent moins à la fiscalité environnementale (et à la fiscalité en général) et octroient, de façon plus générale, davantage de soutien aux consommateurs. Les ratios relativement élevés observés dans le cas de certains pays de l'OCDE qui appliquent à l'énergie des taux d'imposition supérieurs s'expliquent moins clairement, surtout vu la faible corrélation entre le soutien total aux consommateurs exprimé en pourcentage du PIB et les taux effectifs moyens de taxation de la consommation d'énergie calculés par l'OCDE[7] (graphique 3.4), qui laisse à penser que les taux d'imposition ne sont pas le principal déterminant du soutien aux consommateurs exprimé en termes relatifs. Ce que l'on pourrait en déduire cependant, c'est que ces pays consacrent davantage de dépenses fiscales à certains usages ciblés des carburants ou des combustibles. Comme nous l'avons déjà précisé, il importe d'interpréter avec prudence les pourcentages présentés dans le graphique 3.3 car il subsiste des différences entre les définitions des dépenses fiscales selon les pays, et ce même compte tenu des ajustements effectués pour améliorer la comparabilité des données. Ces problèmes sont autrement plus graves quand les mesures bénéficient aux producteurs, ce qui explique pourquoi l'OCDE n'a pas cherché à entreprendre une analyse similaire du soutien accordé aux producteurs (mesuré au moyen de l'ESP).

Graphique 3.3. Soutien total aux consommateurs (ESC) exprimé en part de la composante énergie des recettes fiscales liées à l'environnement

(moyenne pour 2010-12)

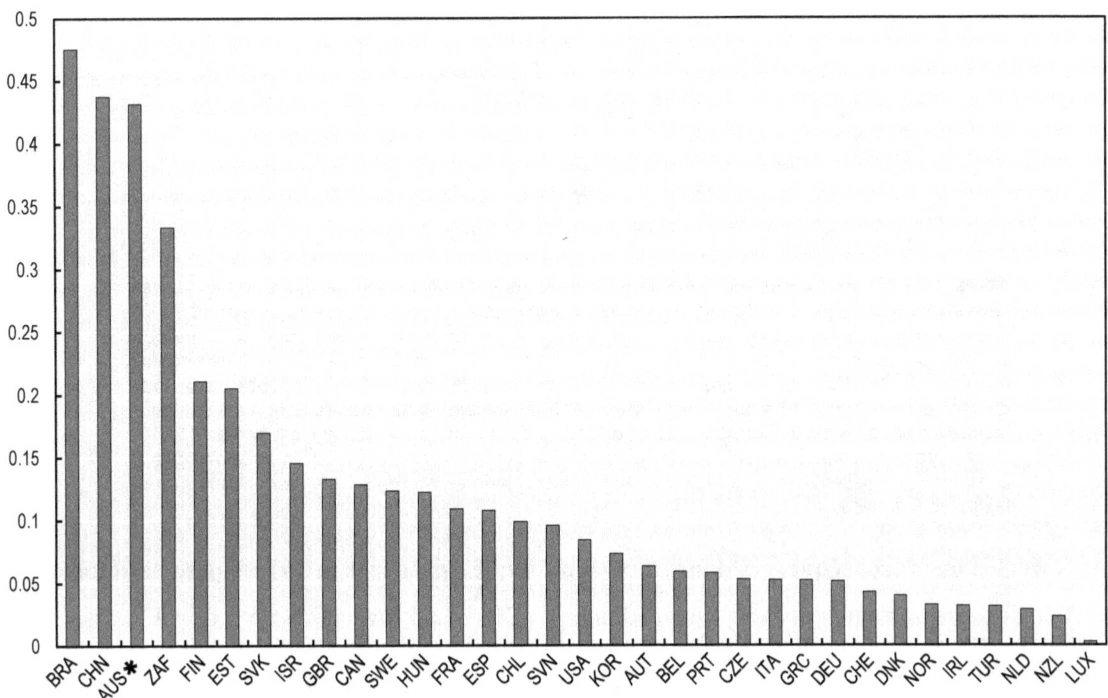

Notes: *Les données concernant l'Australie comprennent les importants crédits d'impôts sur les carburants (*Fuel Tax Credits*) qui à eux seuls expliquent le pourcentage relativement élevé observé pour ce pays. Cette mesure consiste dans le remboursement des droits d'accise que les entreprises paient là-bas sur leurs achats de carburants. Les données concernant le Brésil et la Grèce ne couvrent que la période 2010-11.

Graphique 3.4. Les taux d'imposition ne sont pas le principal déterminant du soutien aux consommateurs

Soutien total aux consommateurs (ESC) en pourcentage du PIB et taux effectifs moyens de taxation de la consommation d'énergie (2012)

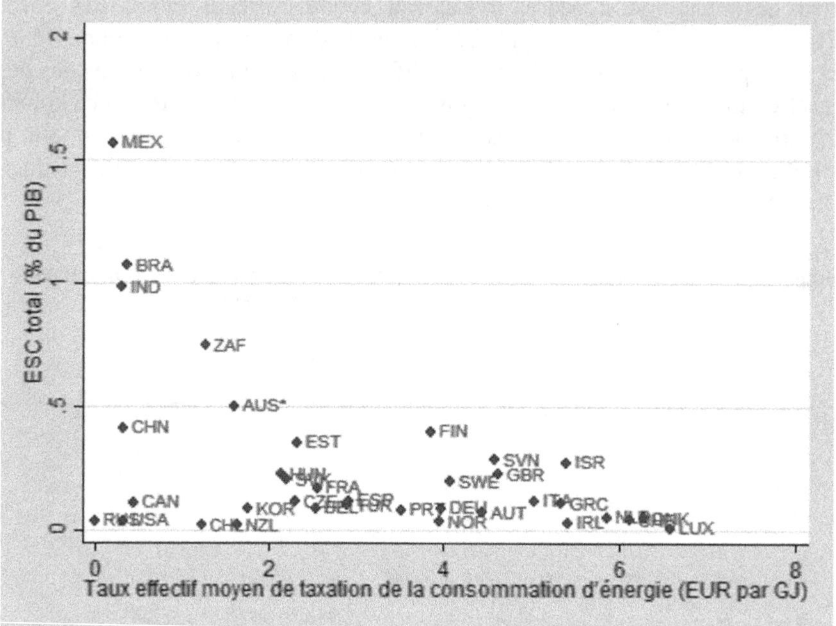

Notes: *Les données concernant l'Australie comprennent les importants crédits d'impôts sur les carburants (*Fuel Tax Credits*) qui à eux seuls expliquent le pourcentage relativement élevé observé pour ce pays. Cette mesure consiste dans le remboursement des droits d'accise que les entreprises paient là-bas sur leurs achats de carburants. Les données sur les taux effectifs moyens de taxation de l'énergie sont tirées de la référence OCDE (2015b). Les taux d'imposition sont ceux en vigueur au 1er avril 2012, à l'exception de l'Australie et du Brésil pour lesquels cette date est le 1er juillet 2012 et de l'Afrique du Sud pour laquelle c'est le 4 avril 2012. Pour cette raison, les taux pour l'Australie incluent la taxe carbone qui fut par la suite abrogée à compter du 1er juillet 2014. Les taux pour le Canada, l'Inde et les États-Unis ne concernent que les taxes fédérales.

3.4. Conclusions et conséquences pour l'action publique : préparer le terrain pour la réforme

Les données rassemblées pour cette édition de 2015 de l'Inventaire de l'OCDE laissent dans l'ensemble l'impression que des progrès ont été accomplis. Par rapport à l'édition précédente publiée en janvier 2013 (OCDE, 2013b), dans laquelle la période couverte s'arrêtait en 2011, le soutien total en faveur des combustibles fossiles accordé par les pays de l'OCDE affiche une tendance nette à la baisse. En y ajoutant des estimations concernant certaines économies partenaires (Brésil, Chine, Inde, Indonésie, Fédération de Russie et Afrique du Sud), cette édition de 2015 permet de constater que le soutien diminue également dans des proportions notables dans ces pays depuis 2012. Deux phénomènes interdépendants sont à l'origine de ce recul du soutien aux combustibles fossiles : la baisse récente des cours internationaux du pétrole (graphique 3.5), qui est un facteur exogène, et les réels efforts de réforme déployés par plusieurs gouvernements. Ce chapitre a mis en relief plusieurs de ces efforts, notamment les mesures récemment prises par le Mexique, l'Indonésie et l'Inde, trois pays qui ont radicalement réduit leur soutien à la consommation de carburants pétroliers.

Ces progrès sont certes remarquables, mais l'Inventaire montre qu'il reste de multiples possibilités de réforme. D'autant que la conjoncture n'autorise pas les excès d'optimisme. Les émissions mondiales de GES restent en effet très supérieures aux niveaux requis pour limiter la hausse prévue des températures moyennes. Par ailleurs, la reprise économique après la grande récession de 2008-09 demeure lente et difficile, comparée aux précédents historiques. La situation budgétaire reste elle aussi un enjeu problématique pour les décideurs publics dans nombre de pays qui s'évertuent à trouver des possibilités de réduire les dépenses et de générer davantage de recettes, et ce sans pour autant accroître des taux de chômage déjà alarmants. Dans ce contexte, il apparaît plus important que jamais de réformer les mesures de soutien aux combustibles fossiles. Il faudrait néanmoins veiller à ce que les réformes n'aggravent pas le sort des plus défavorisés, et c'est pourquoi la réforme du soutien aux combustibles fossiles devra souvent s'inscrire dans le cadre d'une stratégie de plus vaste portée, mobilisant le cas échéant différent secteurs du gouvernement, y compris celui de l'aide sociale.

Graphique 3.5. Évolution des cours internationaux du pétrole brut, 2008-2015

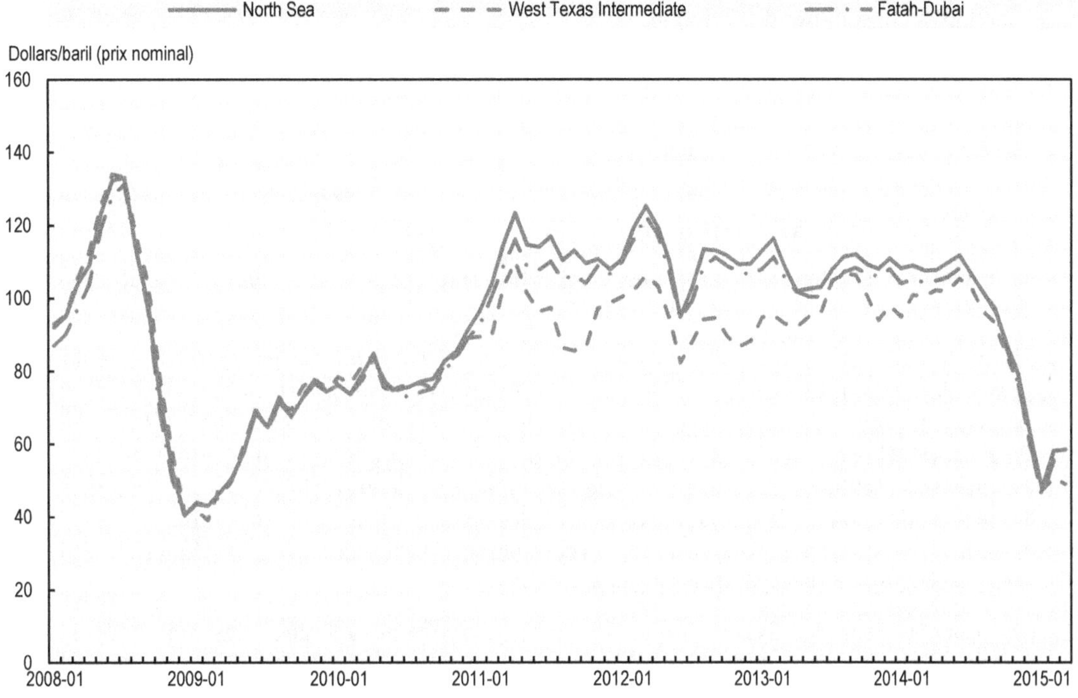

Source: IEA (2015b), *IEA Energy Prices and Taxes Statistics* (database), http://dx.doi.org/10.1787/ene-pric-data-en.

Dans la conjoncture actuelle, certains pays peuvent considérer que le soutien à la production de combustibles fossiles constitue un moyen relativement facile d'accroître les recettes (en augmentant les redevances, les impôts sur les ressources ou les taxes à la production) et l'emploi. De fait, il arrive souvent que les pays possédant des ressources naturelles relativement abondantes adaptent leur système fiscal et ajustent les prélèvements de l'État de manière à améliorer la profitabilité de certains projets, et encouragent ainsi à extraire plus de combustibles fossiles que ce ne serait le cas autrement. En temps normal, si les seules considérations prises en compte concernaient la rente de ressource et la sécurité énergétique, cette pratique pourrait être généralement admise, ou du moins jugée acceptable. Mais nous ne sommes pas dans une période normale, et les efforts consacrés à réduire les émissions de GES dans le monde entier sont encore insuffisants. Aussi peut-on s'interroger sur le caractère approprié de certaines politiques qui incitent à extraire des combustibles fossiles. La plupart des débats sur l'action à mener étaient jusqu'ici centrés sur la consommation de combustibles fossiles, mais le moment est probablement venu de commencer à réfléchir aussi à la production, en particulier dès lors que les bas prix des hydrocarbures et du charbon, au premier semestre de 2015, ont considérablement amputé les revenus des industries extractives dans le monde entier, d'où un renforcement des pressions exercées sur les gouvernements afin qu'ils subventionnent les producteurs de combustibles fossiles.

Plus généralement, les mesures de soutien ont été adoptées pour des motifs divers, chacune ayant sa propre raison d'être. Certaines l'ont été pour stimuler explicitement la production ou la consommation de combustibles fossiles, d'autres dans un tout autre but. Quelle que soit la finalité des mesures prises, les gouvernements devraient les réévaluer périodiquement au regard des objectifs initialement poursuivis, et compte tenu de l'évolution du paysage économique et environnemental. Il existe sans doute d'autres instruments d'action, mieux ciblés, qui offriraient des solutions alternatives et adaptées pour atteindre un ou plusieurs des objectifs déclarés. Par exemple, certaines mesures cherchent à garantir les ressources des ménages en abaissant les taxes sur les combustibles ou en subventionnant directement l'énergie. Or si l'objectif visé est d'aider les ménages, les mesures qui apportent un soutien direct au revenu (la redistribution via le régime normal de l'impôt sur le revenu ou l'assistance soumise à des conditions de ressources, par exemple) et celles qui améliorent l'efficacité énergétique des bâtiments et des appareils électroménagers donneraient probablement de meilleurs résultats que les mesures incitant à consommer de l'énergie.

Notes

1. « Chine » dans la suite du document.
2. Le graphique A.1 figurant dans l'annexe présente la composition du soutien par combustible et par indicateur pour chaque pays.
3. Se reporter au chapitre 2 pour une explication du concept d'incidence statutaire ou réglementaire.
4. Citons notamment les dispositifs suivants : *Strategic Petroleum Reserve* (réserve stratégique de pétrole) (1975), *Low-Income Home Energy Assistance Program* (programme d'aide aux ménages à faible revenu au titre des coûts de l'énergie) (1981), *Alternative Fuels Production Credit* (crédit d'impôt en faveur de la production de combustibles de substitution) (1986), *Expensing of Exploration and Development Costs* (déduction immédiate des coûts d'exploration et de développement du revenu imposable) (1986), et *Exception from Passive Loss Limitation* (dérogation à la limitation de la déductibilité des pertes imputables à des opérations passives) (1986).
5. Les données sur les recettes que les pays perçoivent au titre des taxes liées à l'environnement — notamment les taxes liées à la consommation d'énergie, les taxes sur les véhicules à moteur et d'autres redevances et impôts environnementaux (par exemple sur les déchets ou la consommation d'eau) — sont collectées à intervalles réguliers par l'OCDE et accessibles dans la base de données de l'Organisation sur les instruments employés dans la politique de l'environnement (www2.oecd.org/ecoinst/queries/).
6. La dépense fiscale pratiquée par la Belgique pour le fioul utilisé dans le secteur résidentiel est de la même façon exclue du graphique afin d'améliorer la comparabilité, et ce au vu du taux de référence retenu pour le calcul de cette dépense fiscale, lequel concerne le taux relativement élevé applicable au gazole routier.
7. Ces taux sont ceux qui ont été calculés pour la publication parallèle intitulée *Taxing Energy Use 2015: OECD and Selected Partner Economies* (OCDE, 2015b). Se reporter à l'encadré 3 du chapitre 2 pour plus de précisions.

Références

AIE (2015), *Energy Technology Perspectives 2015*, Agence internationale de l'énergie, Éditions OCDE, Paris,
http://dx.doi.org/10.1787/energy_tech-2015-en

AIE (2014a), *World Energy Outlook 2014*, Agence internationale de l'énergie, Éditions OCDE, Paris http://dx.doi.org/10.1787/weo-2014-en

AIE (2014b), *Energy Policies of IEA Countries: The United States 2014*, Agence internationale de l'énergie, Éditions OCDE, Paris, DOI: http://dx.doi.org/10.1787/9789264211469-en

AIE (2013), *Technology Roadmap: Carbon Capture and Storage*, 2013 Edition, Agence internationale de l'énergie, Paris.

AIE (1988), *Politiques et perspectives charbonnières des pays Membres de l'AIE : Examen 1987*, Agence internationale de l'énergie, Éditions OCDE, Paris.

AIE, OCDE et Eurostat (2004), *Energy Statistics Manual,* Éditions OCDE, Paris,
DOI: http://dx.doi.org/10.1787/9789264033986-en

Albrizio, Silvia, Enrico Botta, Tomasz Koźluk et Vera Zipperer (2014), « Do Environmental Policies Matter for Productivity Growth?: Insights from New Cross-Country Measures of Environmental Policies », *Documents de travail du Département des affaires économiques de l'OCDE*, N° 1176, Éditions OCDE, Paris,
DOI: http://dx.doi.org/10.1787/5jxrjncjrcxp-en

Ansar, Atif, Ben Caldecott et James Tilbury (2013), *Stranded assets and the fossil fuel divestment campaign: what does divestment mean for the valuation of fossil fuel assets?*, Stranded Assets Programme, 8 octobre, Smith School of Enterprise and the Environment, Université d'Oxford.

APEC (2009), « A New Growth Paradigm For a Connected Asia-Pacific in the 21st Century : Statement by APEC Leaders », 14-15 novembre, Singapour.

Arlinghaus, Johanna (2015), « Impacts of Carbon Prices on Indicators of Competitiveness: A Review of Empirical Findings », *Documents de travail de l'OCDE sur l'environnement*, n° 87, Éditions OCDE, Paris.
DOI: http://dx.doi.org/10.1787/5js37p21grzq-en

BAD (2011), *Assessment and Implications of Rationalizing and Phasing Out Fossil-Fuel Subsidies*, Technical Assistance Report, Project n° 45077-001, Banque asiatique de développement, juillet.

BID (2013), *Documento de Cooperación Técnica: Subsidios en el sector energía y políticas de mitigación al cambio climático en América Latina y el Caribe* (document de coopération technique : subventions dans le secteur de l'énergie et politiques d'atténuation du changement climatique en Amérique latine et dans les Caraïbes), RG-T2119, Banque interaméricaine de développement, août.

Boadway, Robin et Neil Bruce (1984), « A general proposition on the design of a neutral business tax », *Journal of Public Economics*, vol 24, n° 2, pp. 231-239.

Breisinger, Clemens, Wilfried Engelke et Olivier Ecker (2011), *Petroleum Subsidies in Yemen: Leveraging Reform for Development*, Institut international de recherche sur les politiques alimentaires, Development Strategy and Governance Division, IFPRI Discussion Paper n° 01071, Washington, D.C.

Bundesministerium der Finanzen (2013), *24. Subventionsbericht: Bericht der Bundesregierung über die Entwicklung der Finanzhilfen des Bundes und der Steuervergünstigungen für die Jahre 2011 bis 2014* (24ème rapport sur les subventions : rapport du gouvernement fédéral sur l'évolution de l'aide financière fédérale et les dépenses fiscales concernant les années 2011 à 2014), Gouvernement fédéral de l'Allemagne, août, Berlin.

Burniaux, Jean-Marc, Jean Château et Jehan Sauvage (2011), « The Trade Effects of Phasing Out Fossil-Fuel Consumption Subsidies », *Documents de travail de l'OCDE sur les échanges et l'environnement*, n° 2011/05, Éditions OCDE, Paris, DOI: http://dx.doi.org/10.1787/5kg6lql8wk7b-en

Butt, N., H.L. Beyer, J.R. Bennett, D. Biggs, R. Maggini, M. Mills, A.R. Renwick, L. M. Seabrook et H.P. Possingham (2013), « Biodiversity Risks from Fossil Fuel Extraction », *Science*, vol. 342, 25 octobre, pp. 425-426.

Château, Jean, Rob Dellink et Elisa Lanzi (2014), « An Overview of the OECD ENV-Linkages Model: Version 3 », *Documents de travail de l'OCDE sur l'environnement, n°* 65, Éditions OCDE, Paris. DOI: http://dx.doi.org/10.1787/5jz2qck2b2vd-en .

Commission européenne, (2014a), *European Resource Efficiency Platform (EREP): Manifesto & Policy Recommendations*, Direction générale de l'environnement, Bruxelles, mars.

Commission européenne (2014b), *Enhancing comparability of data on estimated budgetary support and tax expenditures for fossil fuels*, Direction générale de l'environnement, Bruxelles, août.

CRS (2012), *Tax Expenditures: Compendium of Background Material on Individual Provisions*, rapport destiné au Committee on the Budget, établi par le Congressional Research Service, Congrès des États-Unis, décembre, Washington, D.C.

Durand-Lasserve, Olivier, Lorenza Campagnolo, Jean Château et Rob Dellink (2015), « Modelling of distributional impacts of energy subsidy reforms: an illustration with Indonesia », *Documents de travail de l'OCDE sur l'environnement*, n° 86, Éditions OCDE, Paris, DOI: http://dx.doi.org/10.1787/5js4k0scrqq5-en.

Dutch Safety Board (2015), *Earthquake risks in Groningen: An investigation into the role of the safety of citizens during the decision-making process on gas extraction (1959-2014)*, Summary, février, La Haye.

EIA (2011), *Direct Federal Financial Interventions and Subsidies in Energy in Fiscal Year 2010*, U.S. Energy Information Administration, ministère de l'Énergie des États-Unis, Gouvernement des États-Unis, juillet, Washington D.C.

Ellis, Jennifer (2010), *The Effects of Fossil-Fuel Subsidy Reform: A review of modelling and empirical studies*, Initiative mondiale sur les subventions de l'Institut international du développement durable, mars, Genève.

Flues, Florens et Benjamin J. Lutz (2015), « Competitiveness Impacts of the German Electricity Tax », *Documents de travail de l'OCDE sur l'environnement*, n° 88, Éditions OCDE, Paris.

FMI (2013), *Energy subsidy reform: lessons and implications*, revu par Benedict Clements, David Coady, Stefania Fabrizio, Sanjeev Gupta, Trevor Alleyne et Carlo Sdralevich, Fonds monétaire international, Washington, D.C.

FMI (2012), *The* Delega Fiscale *and the Strategic Orientation of Tax Reform*, Fonds monétaire international, Département des finances publiques, IMF Country Report No. 12/280, octobre, Washington, D.C.

GAO (2005), *Government Performance and Accountability: Tax Expenditures Represent a Substantial Federal Commitment and Need to Be Reexamined*, GAO-05-690, US Government Accountability Office, septembre, Washington D.C.

Gauci, Vincent, Nancy B. Dise, Graham Howell et Meaghan E. Jenkins (2008), « Suppression of rice methane emission by sulfate deposition in simulated acid rain », *Journal of Geophysical Research*, vol. 113, n° G3.

GIEC (2014), *Climate Change 2014: Synthesis Report*, IPCC Fifth Assessment Report, Genève.

Gouvernement de Singapour (2015), *Customs Act (Chapter 70)*, Singapore Statutes Online, statutes.agc.gov.sg/aol/search/display/view.w3p;ident=a3f09e2d-ab75-4a2f-9d9a-70853f9bf801;query=DocId%3Af3e1a9ec-037e-450c-a9a5-343bf5eab23e Depth%3A0 Status%3Ainforce;rec=0#pr136-he-, consulté le 2 mai 2015.

G-20 (2009), *Déclaration des chefs d'État et de gouvernement*, Sommet de Pittsburgh, 24-25 septembre.

Harding, Michelle (2014), « The Diesel Differential: Differences in the Tax Treatment of Gasoline and Diesel for Road Use », *OECD Taxation Working Papers*, n° 21, Éditions OCDE, Paris, DOI: http://dx.doi.org/10.1787/5jz14cd7hk6b-en

IRS (2014), *How to Depreciate Property*, Internal Revenue Service, Publication n° 946, 28 janvier, ministère du Trésor, Gouvernement des États-Unis, Washington, D.C.

IVM (2013), *Budgetary support and tax expenditures for fossil fuels: An inventory for six non-OECD EU countries*, IVM - Institut d'études environnementales, rapport demandé par la Direction générale de l'environnement de la Commission européenne, 15 janvier, Amsterdam.

JCT (2014), *Estimates of Federal Tax Expenditures for Fiscal Years 2014-2018*, rapport établi pour le House Committee on Ways and Means et le Committee on Finance du Sénat par le personnel du Joint Committee on Taxation, JCX-97-14, Congrès des États-Unis, 5 août, Washington, D.C.

Kojima, Masami (2013), *Petroleum product pricing and complementary policies: Experience of 65 developing countries since 2009*, Banque mondiale, Unité Pétrole, gaz naturel et mines du Département de l'énergie durable, Document de travail de recherche sur les politiques, n° 6396, avril, Washington, D.C.

Kojima, Masami et Doug Koplow (2015), *Fossil Fuel Subsidies: Approaches and Valuation*, Banque mondiale, Energy and Extractives Global Practice Group, Document de travail de recherche sur les politiques, n° 7220, mars, Washington, D.C.

Koplow, Doug (2009), *Measuring Energy Subsidies Using the Price-Gap Approach: What does it leave out?*, Trade, Investment and Climate Change Series, août, Institut international du développement durable, Winnipeg.

Koźluk, Tomasz et Vera Zipperer (2013), « Environmental Policies and Productivity Growth: A Critical Review of Empirical Findings », *Documents de travail du Département des affaires économiques*, n° 1096, Éditions OCDE, Paris, DOI: http://dx.doi.org/10.1787/5k3w725lhgf6-en

Lucas, Deborah (2015, à paraître), *Inventory of Support for Fossil Fuels — Estimating the Support Component of Loan Guarantees and Preferential Loans*, OCDE, Paris.

Lunden, Lars Petter et Daniel Fjaertoft (2014), *Government Support to Upstream Oil & Gas in Russia: How Subsidies Influence the Yamal LNG and Prirazlomnoe Projects*, Initiative mondiale sur les subventions de l'Institut international du développement durable, WWF Russie, juillet, Genève-Oslo-Moscou.

Ministère des Finances de l'Inde (2015), *Receipt Budget 2015-2016*, Union Budget 2015-16, Gouvernement central de l'Inde.

Ministère des Finances de la République populaire de Chine (sans date), *2013年全国财政决算* (comptes financiers nationaux de 2013), http://yss.mof.gov.cn/2013qgczjs/, consulté le 10 avril 2015.

Nations Unies (2014), *Open Working Group proposal for Sustainable Development Goals*, New York.

National Research Council (2013), *Effects of U.S. Tax Policy on Greenhouse Gas Emissions*, National Research Council, The National Academies Press, Washington, D.C.

OCDE (2015a), *Aligning Policies for a Low-carbon Economy*, Éditions OCDE, Paris. DOI: http://dx.doi.org/10.1787/9789264233294-en.

OCDE (2015b), *Taxing Energy Use 2015: OECD and Selected Partner Economies*, Éditions OCDE, Paris.
DOI: http://dx.doi.org/10.1787/9789264232334-en.

OCDE (2015c, à paraître), *Climate Change Mitigation: Policies and Progress*, Éditions OCDE, Paris.

OCDE (2014a), *Le coût de la pollution de l'air: Impacts sanitaires du transport routier*, Éditions OCDE, Paris,
DOI: http://dx.doi.org/10.1787/9789264220522-fr .

OCDE (2014b), *Politiques agricoles : suivi et évaluation 2014: Pays de l'OCDE*, Éditions OCDE, Paris, DOI: http://dx.doi.org/10.1787/agr_pol-2014-fr

OCDE (2013a), *Prix effectifs du carbone*, Éditions OCDE, Paris, DOI: http://dx.doi.org/10.1787/9789264197138-fr .

OCDE (2013b), *Inventory of Estimated Budgetary Support and Tax Expenditures for Fossil Fuels 2013*, Éditions OCDE, Paris, DOI: http://dx.doi.org/10.1787/9789264187610-en.

OCDE (2012a), *Études économiques de l'OCDE : Indonésie 2012*, Éditions OCDE, Paris, DOI: http://dx.doi.org/10.1787/eco_surveys-idn-2012-fr .

OCDE (2012b), *Inventory of Estimated Budgetary Support and Tax Expenditures for Fossil Fuels*, Éditions OCDE, Paris, DOI: http://dx.doi.org/10.1787/9789264128736-en .

OCDE (2010a), *Les dépenses fiscales dans les pays de l'OCDE*, Éditions OCDE, Paris. DOI: http://dx.doi.org/10.1787/9789264076921-fr .

OCDE (2010b), Estimation du soutien aux producteurs et autres indicateurs du soutien à l'agriculture élaborés par l'OCDE : concepts, calculs, interprétation et utilisation (Manuel de l'ESP), Direction des échanges et de l'agriculture, septembre, Paris.

OCDE (2009), *Déclaration sur la croissance verte,* adoptée à la Réunion du Conseil au niveau des Ministres le 25 juin 2009, [C/MIN(2009)5/ADD1/FINAL].

OCDE (2003), *Les subventions dommageables à l'environnement: Problèmes et défis*, Éditions OCDE, Paris, DOI: http://dx.doi.org/10.1787/9789264104501-fr .

OCDE (2001), *Stratégie de l'environnement de l'OCDE pour les dix premières années du XXIème siècle,* adoptée par les Ministres de l'Environnement de l'OCDE, 16 mai, Paris.

OMB (2015), *Cuts, Consolidations, and Savings*, Budget of the United States Government, Fiscal Year 2016, Office of Management and Budget, Gouvernement des États-Unis , Washington, D.C.

Parry, Ian, Dirk Heine, Eliza Lis et Shanjun Li (2014), *Getting Energy Price Right: From Principle to Practice*, Fonds monétaire international, Washington, D.C.

Sambijantoro, Satria (2015), « Jokowi's budget aims for economic liftoff », *The Jakarta Post*, 13 février, Jakarta.

Sauvage, Jehan (2014), « The Stringency of Environmental Regulations and Trade in Environmental Goods », *Documents de travail de l'OCDE sur les échanges et l'environnement*, n° 2014/03, Éditions OCDE, Paris,
DOI: http://dx.doi.org/10.1787/5jxrjn7xsnmq-en.

ZeroCO_2 (sans date), www.zeroco2.no/projects, base de données consultée le 11 mai 2015.

Annexe A

Tableau A.1. Classification des combustibles fossiles de l'AIE

Catégorie générale	Désignation abrégée de l'AIE	Désignation complète de l'AIE
Combustibles solides	ANTCOAL	anthracite
	BITCOAL	autres charbons bitumineux
	BKB	briquettes de lignite
	BROWN	lignite et charbon sous-bitumineux (à défaut de précisions)
	COALTAR	goudron de houille
	COKCOAL	charbon à coke
	GASCOKE	coke d'usine à gaz, coke de gaz
	HARDCOAL	houille (à défaut de précisions)
	LIGNITE	lignite
	OILSHALE	schistes et sables bitumineux
	OVENCOKE	coke de four à coke, coke de cokerie
	PATFUEL	agglomérés
	PEAT	tourbe
	SUBCOAL	charbon sous-bitumineux
Combustibles liquides et produits associés	ADDITIVE	additifs et composés pour mélange
	AVGAS	essence aviation
	BITUMEN	bitume
	CRNGFEED	pétrole brut, LGN, ou produits d'alimentation (à défaut de précisions)
	CRUDEOIL	pétrole brut
	ETHANE	éthane
	JETGAS	carburéacteur type essence
	LPG	gaz de pétrole liquéfiés (GPL)
	LUBRIC	lubrifiants
	NAPHTHA	naphtas
	NGL	liquides de gaz naturel
	NONBIODIES	gazole ou carburant diesel, à l'exclusion des biocarburants
	NONBIOGASO	essence moteur, à l'exclusion des biocarburants
	NONBIOJETK	carburéacteur type kérosène, à l'exclusion des biocarburants
	NONCRUDE	autres hydrocarbures
	ONONSPEC	autres produits pétroliers
	OTHKERO	autres kérosènes
	PARWAX	paraffines
	PETCOKE	coke de pétrole
	REFFEEDS	produits d'alimentation des raffineries
	RESFUEL	fioul
	WHITESP	white spirit & SBP

Tableau A.1. Classification des combustibles fossiles de l'AIE (*suite*)

Combustibles gazeux	BLFURGS	gaz de haut fourneau
	COKEOVGS	gaz de cokerie
	GASWKSGS	gaz d'usine à gaz
	NATGAS	gaz naturel
	REFINGAS	gaz de raffinerie

Source: Adapté de l'AIE, wds.iea.org/WDS/tableviewer/document.aspx?FileId=1496.

Tableau A.2. Droits NPF appliqués par les pays de l'OCDE et des économies partenaires à leurs importations d'hydrocarbures (en janvier 2015)

Pays	Pétrole brut et produits pétroliers liquides							Hydrocarbures gazeux		
	Pétrole brut	Essence moteur	Essence aviation	Kérosène	Carburéacteur type kérosène	Gazole	Fioul lourd	GNL	GPL	Gaz naturel à l'état gazeux
code SH	2709	2710.11 ex	2710.11 ex	2710.19 ex	2710.19 ex	2710.19 ex	2710.19 ex	2711.11	2711.12	2711.21
Australie[1]	0 %	0 %	0 %	0 %	0 %	0 %	0 %	0%	0%	0%
Brésil	0 %	0 %	0 %	0 %	0 %	0 %	0 %	0 %	0 %	0 %
Canada	0 %	0 %	0 %	0 %	0 %	0 %	0 %	0 %	0-12.5 %	0 %
Chili	6 %	6 %	6 %	6 %	6 %	6 %	6 %	6 %	6 %	6 %
Chine	0 %	0-9 %	0-9 %	0-9 %	0 %	0-6 %	1 %	0 %	1-11 %	0-6 %
Islande	0 %	0 %	0 %	0 %	0 %	0 %	0 %	0 %	0 %	0 %
Inde	0 %	2.5-5 %	0 %	5 %	5 %	5 %	5 %	5 %	2.5-5 %	5 %
Indonésie	0 %	0 %	0 %	0 %	0 %	0 %	0 %	5 %	5 %	5 %
Israël[2]	0 %	0 %	0 %	0 %	0 %	0 %	0 %	0 %	0 %	0 %
Union européenne	0 %	4.7 %	4.7 %	4.7 %	4.7 %	0-3.5 %	3.5 %	0 %	0-8 %	0 %
Japon	0 %	JPY 934/kl	JPY 934/kl	0-3 %	JPY 346/kl	JPY 750/kl	JPY 0-459/kl	0 %	0 %	4.1 %
Corée	3 %	5 %	5 %	3-5 %	3-5 %	5 %	3-5 %	2 %	2 %	2 %
Mexique	0 %	0 %	0 %	0 %	0 %	0 %	0 %	0 %	0 %	0 %
Nouvelle-Zélande	0 %	0 %	0 %	0-5 %	0-5 %	0 %	0 %	0 %	NZD 0.104/l	NZD 3.17/GJ
Norvège	0 %	0 %	0 %	0 %	0 %	0 %	0 %	0 %	0 %	0 %
Russie	0-5 %	0-5 %	0 %	5 %	5 %	5 %	5 %	5 %	5 %	5 %
Afrique du Sud	0 %	ZAR 0-0.091/l	0 %	ZAR 0.183/l	0 %	ZAR 0.183/l	0 %	0 %	0 %	0-15 %
Suisse	0 %	0 %	0 %	0 %	0 %	0 %	0 %	0 %	0 %	0 %
Turquie	0 %	4.7 %	4.7 %	4.7 %	4.7 %	0-3.5 %	3.5 %	0 %	0-8 %	0 %
États-Unis	USD 0.0525-0.21/baril	USD 0.525-1.05 / baril	USD 0.0525-1.05/baril	USD 0.105-0.21/baril	USD 0.525-1.05/ baril	USD 0.105-0.525/baril	USD 0.0525-0.21/baril	0 %	0 %	0 %

1. L'Australie applique des droits d'accise au point d'importation, et fait figurer ces droits dans son tarif douanier. Comme ces droits sont égaux au droit d'accise normal auquel sont assujettis ces carburants lorsqu'ils sont produits dans le pays (0.392 AUD le litre pour l'essence moteur, le kérosène, le gazole et le fioul lourd ; 0.03556 AUD le litre pour l'essence aviation et le carburéacteur ; 0.128 AUD le litre pour le GPL ; et 0.268 AUD le kg pour le GNL et le gaz naturel à l'état gazeux), les droits de douane indiqués en l'occurrence sont nuls.

2. Les données statistiques concernant Israël sont fournies par et sous la responsabilité des autorités israéliennes compétentes. L'utilisation de ces données par l'OCDE est sans préjudice du statut des hauteurs du Golan, de Jérusalem Est et des colonies de peuplement israéliennes en Cisjordanie aux termes du droit international.

Sources : Union européenne : Business Link (www.businesslink.gov.uk/bdotg/action/tariff) ; tous les autres pays : Commission européenne, Market Access Database (madb.europa.eu/madb/indexPubli.htm).

Tableau A.3. Droits NPF appliqués par les pays de l'OCDE et des économies partenaires à leurs importations de combustibles fossiles solides (en janvier 2015)

Pays	Houille				Lignite		Tourbe	Coke et semi-coke ou charbon, lignite ou tourbe
	Anthracite	Charbon bitumineux	Autres	Briquettes de houille	Non aggloméré	Aggloméré		
code SH :	2701.11	2701.12	2701.19	2701.20	2702.10	2702.20	2703	2704
Australie	0 %	0 %	0 %	0 %	0 %	0 %	0 %	0 %
Brésil	0 %	0 %	0 %	0 %	0 %	0 %	0 %	0 %
Canada	0 %	0 %	0 %	0 %	0 %	0 %	6.5 %	0 %
Chili	6 %	6 %	6 %	6 %	6 %	6 %	6 %	6 %
Chine	0 %	0 %	0 %	0 %	3 %	3 %	5 %	5 %
Islande	0 %	0 %	0 %	0 %	0 %	0 %	0 %	0 %
Inde	5 %	5 %	5 %	5 %	5 %	5 %	5 %	5 %
Indonésie	5 %	5 %	5 %	5 %	5 %	5 %	5 %	5 %
Israël[1]	0 %	0 %	0 %	0 %	0 %	0 %	6 %	0 %
Union européenne	0 %	0 %	0 %	0 %	0 %	0 %	0 %	0 %
Japon	0 %	0 %	0 %	3.9 %	0 %	0 %	0 %	3.2 %
Corée	0 %	0 %	0 %	1 %	1 %	1 %	1 %	3 %
Mexique	0 %	0 %	0 %	0 %	0 %	0 %	0 %	0 %
Nouvelle-Zélande	0 %	0 %	0 %	0 %	0 %	0 %	0 %	0 %
Norvège	0 %	0 %	0 %	0 %	0 %	0 %	0 %	0 %
Russie	5 %	0-5 %	5 %	5 %	5 %	5 %	5 %	0 %
Afrique du Sud	0 %	0 %	0 %	0 %	0 %	0 %	0 %	0 %
Suisse	CHF 0.80/ tonne	CHF 0.80/ tonne	CHF 0.80/ tonne	CHF 0.80/ tonne	CHF 0.80/ tonne	CHF 0.80/ tonne	CHF 0.80/ tonne	CHF 0.80/ tonne
Turquie	0 %	0 %	0 %	0 %	0 %	0 %	0 %	0 %
États-Unis	0 %	0 %	0 %	0 %	0 %	0 %	0 %	0 %

1. Les données statistiques concernant Israël sont fournies par et sous la responsabilité des autorités israéliennes compétentes. L'utilisation de ces données par l'OCDE est sans préjudice du statut des hauteurs du Golan, de Jérusalem Est et des colonies de peuplement israéliennes en Cisjordanie aux termes du droit international.

Sources : Union européenne : Business Link (www.businesslink.gov.uk/bdotg/action/tariff) ; tous les autres pays : Commission européenne, Market Access Database (http://madb.europa.eu/madb/indexPubli.htm). Les mesures de soutien ont été recensées principalement en effectuant des recherches dans des documents officiels des États et dans des sites web. Dans quelques cas peu nombreux, des données non publiées ont été demandées à des administrations nationales de pays de l'OCDE, qui les ont communiquées.

Tableau A.4. Matrice des mesures de soutien, avec exemples

Mécanisme de transfert (comment le transfert est créé)	Incidence statutaire ou réglementaire (à qui ou à quoi un transfert est versé en premier lieu)								
	Production							Consommation directe	
				Coûts des facteurs de production					
	Rendement de la production	Revenu des entreprises	Coût des consommations intermédiaires	Main-d'œuvre	Terres et ressources naturelles	Capital	Savoir	Coût unitaire de consommation	Revenus des ménages ou entreprises
Transfert direct de fonds	Prime de production ou paiement compensatoire	Dotation de fonctionnement	Subventionnement des prix des intrants	Subventions salariales	Dotation en capital liée à l'acquisition de terrains	Dotation en capital liée à l'acquisition d'équipements	R-D publique	Subvention unitaire	Tarif subventionné de l'électricité pour les ménages défavorisés
Manque à gagner fiscal	Crédit d'impôt à la production	Taux réduit de l'impôt sur les sociétés	Réduction des droits d'accise sur les consommations intermédiaires	Réduction des charges sociales (impôts sur les salaires)	Réduction ou exonération de la taxe foncière	Crédit d'impôt pour investissement	Crédit d'impôt pour activité privée de R-D	Baisse de TVA ou de droit d'accise sur le carburant	Déduction fiscale lorsque la facture énergétique dépasse une part déterminée du revenu
Manque à gagner pour l'État, sous d'autres formes			Sous-évaluation du prix d'un bien ou d'un service public		Sous-évaluation du prix de l'accès à des terres publiques ou à des ressources naturelles ; réduction des redevances sur les ressources ou de la taxe d'extraction		Transfert par l'État de droits de propriété intellectuelle	Sous-évaluation du prix de l'accès à une ressource naturelle prélevée par le consommateur final	
Transfert du risque à l'État	Stocks régulateurs gérés par l'État	Responsabilité civile limitée pour les producteurs	Mesures de sécurité (dont protection militaire des voies d'approvisionnement)	Prise en charge des obligations en matière de sécurité et de santé au travail	Garantie de crédits liée à l'acquisition de terres	Garantie de crédits d'équipement		Subventionnement en fonction du prix	Aide financière sous condition de ressources en cas de temps froid
Transferts induits	Droits de douane ou subventions à l'exportation	Monopole	Monopsone ; restrictions à l'exportation	Encadrement des salaires	Contrôle de l'utilisation des sols	Contrôle du crédit (sectoriel)	Dérogations à la réglementation des DPI	Prix réglementé, subvention croisée	Tarif réglementé de l'électricité pour les ménages défavorisés

Graphique A.1. Ensemble des mesures de soutien : répartition par combustible (gauche) et par indicateur (droite)

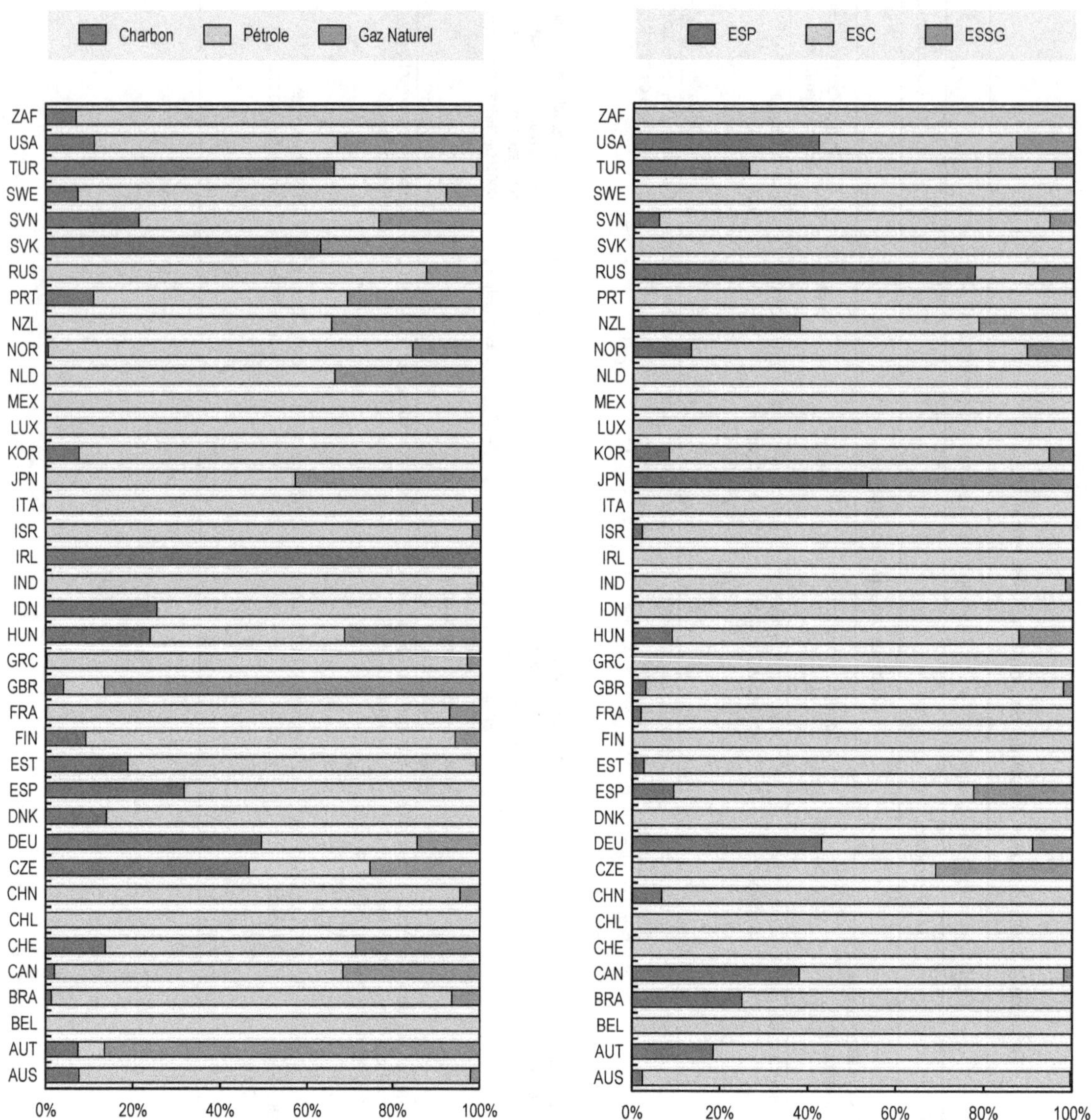

ORGANISATION DE COOPÉRATION ET DE DÉVELOPPEMENT ÉCONOMIQUES

L'OCDE est un forum unique en son genre où les gouvernements oeuvrent ensemble pour relever les défis économiques, sociaux et environnementaux que pose la mondialisation. L'OCDE est aussi à l'avant-garde des efforts entrepris pour comprendre les évolutions du monde actuel et les préoccupations qu'elles font naître. Elle aide les gouvernements à faire face à des situations nouvelles en examinant des thèmes tels que le gouvernement d'entreprise, l'économie de l'information et les défis posés par le vieillissement de la population. L'Organisation offre aux gouvernements un cadre leur permettant de comparer leurs expériences en matière de politiques, de chercher des réponses à des problèmes communs, d'identifier les bonnes pratiques et de travailler à la coordination des politiques nationales et internationales.

Les pays membres de l'OCDE sont : l'Allemagne, l'Australie, l'Autriche, la Belgique, le Canada, le Chili, la Corée, le Danemark, l'Espagne, l'Estonie, les États-Unis, la Finlande, la France, la Grèce, la Hongrie, l'Irlande, l'Islande, Israël, l'Italie, le Japon, le Luxembourg, le Mexique, la Norvège, la Nouvelle-Zélande, les Pays-Bas, la Pologne, le Portugal, la République slovaque, la République tchèque, le Royaume-Uni, la Slovénie, la Suède, la Suisse et la Turquie. La Commission européenne participe aux travaux de l'OCDE.

Les Éditions OCDE assurent une large diffusion aux travaux de l'Organisation. Ces derniers comprennent les résultats de l'activité de collecte de statistiques, les travaux de recherche menés sur des questions économiques, sociales et environnementales, ainsi que les conventions, les principes directeurs et les modèles développés par les pays membres.

ÉDITIONS OCDE, 2, rue André-Pascal, 75775 PARIS CEDEX 16
(22 2015 01 2 P) ISBN 978-92-64-24357-6 – 2015

www.ingramcontent.com/pod-product-compliance
Lightning Source LLC
LaVergne TN
LVHW081422110826
845149LV00010B/1838

* 9 7 8 9 2 6 4 2 4 3 5 7 6 *